외교 천재 고려

외교 천재 고려

1판 1쇄 인쇄 2026. 1. 20.
1판 1쇄 발행 2026. 1. 25.

지은이 이익주

발행인 박강휘
편집 임지숙 디자인 윤석진 마케팅 김새로미 홍보 강원모
발행처 김영사
등록 1979년 5월 17일(제406-2003-036호)
주소 경기도 파주시 문발로 197(문발동) 우편번호 10881
전화 마케팅부 031)955-3100, 편집부 031)955-3200 | 팩스 031)955-3111

값은 뒤표지에 있습니다.
ISBN 979-11-7332-473-4 03910

홈페이지 www.gimmyoung.com   블로그 blog.naver.com/gybook
인스타그램 instagram.com/gimmyoung 이메일 bestbook@gimmyoung.com

좋은 독자가 좋은 책을 만듭니다.
김영사는 독자 여러분의 의견에 항상 귀 기울이고 있습니다.

본서는 2021년도 서울시립대학교 기초·보호학문 및 융복합 분야 R&D 기반조성사업에 의하여
지원을 받았다.

최강대국에 맞선 작은 나라의 생존 전략

외교 천재 고려

外交

이익주 지음

김영사

천 년 전 고려가 보여준
생존과 번영의 지혜

고려(918~1392)는 건국 이후 송, 거란, 금, 몽골(원), 명 등 중국의 여러 나라를 상대하면서 500년 가까이 지속한 왕조이다. 복잡하고 혼란한 국제 정세 속에서 탁월한 외교력을 발휘했으므로 '외교 천재'라는 수식어가 아깝지 않다. 특히 주변 강대국 사이에서 균형을 유지한 노련함은 한국 외교사에서 보기 드문 사례라고 할 수 있다. 고려의 뛰어난 외교력은 크게 두 가지 측면에서 확인할 수 있다.

첫째, 고려는 우리 역사에서 드물게 다원 외교를 펼친 나라이다. 즉, 두 개의 강대국을 동시에 상대하며 외교 전략을 펼쳤다. 비교하자면, 조선은 전기에는 명나라만을, 후기에는 청나라만을 상대하는 일원 외교로 일관했고, 그 때문에 외교의 시야가 제한될 수밖에 없었다. 하지만 세계는 언제나 다원화되어 있다. 외부 세계로 향하는 안테나를 낮게 세운 조선은 결국 임진왜란과 병자호란을 겪었고, 19세기 후반에는 열강의 침략을 막지 못한 채 결국 식민지로 전락하고 말았다. 외교의 실패였다.

물론 조선은 '어떻게 하면 백성들이 살기 좋은 나라를 만들 것인가'를 진지하게 고민하면서 세운 나라이고, 그렇게 운영된 나라이다. 그러나 바깥 세상에 대한 관심이 너무도 부족했다. 외부의 변화를 읽지 못하고 내부의 문제 해결에만 골몰했던 것이다.

고려는 달랐다. 고려 전기에는 두 개의 강대국을 동시에 상대하는 이원 외교를 펼쳤다. 10~11세기에는 중국 북쪽에 거란, 남쪽에 송이 있었고, 12세기에는 북쪽에 금, 남쪽에 남송이 있었다. 두 나라를 동시에 상대할 때는 한 나라를 상대할 때보다 훨씬 더 복잡하고 정교한 전략이 요구된다. 무엇보다도 두 강대국 간의 관계를 주의 깊게 살펴야 하기 때문이다. 바깥 세상에 대한 관심이 부족하면 할 수 없는 일이다. 고려는 이것을 훌륭하게 수행했다.

둘째, 고려는 외교에서 성공한 나라이다. 고려가 존속한 918년부터 1392년까지 약 500년 동안 동아시아에는 전쟁이 끊이지 않았다. 거란·여진·몽골 등 북방 유목민족이 세력을 키워 중원을 차지했고, 그때마다 중국은 전쟁에 휩싸이고 왕조가 교체되었다. 그 와중에도 고려는 외교를 통해 전쟁을 피하고 나라를 지켜냈다.

고려가 존속하는 동안 중국에서는 후량, 후당, 후진, 후한, 후주, 거란(요), 송, 금, 남송, 몽골(원)까지 모두 10개 왕조가 등장했다 사라졌다. 그와 같은 혼란 속에서도 고려는 하나의 왕조로서 장기간 존속했다. 이는 결코 군사력이 강해서가 아니었다. 싸워야 할 때는 싸웠지만, 전쟁보다 더 중요한 것은 외교였다. 싸우지 않고 이기는 '부전승'의 길을 찾았던 것이다. 고려 외교는 한 마디로 "자신을 과소평가하지도, 과대평가하지도 않았다"고 할 수 있겠다.

고려는 자신의 힘을 과소평가하지 않았기에 비굴한 외교를 하지 않았다. 침략을 받으면 먼저 싸우고, 일단 싸운 뒤 협상에 나섰다. 몽골의 압도적인 군사력 앞에서도 30년 동안 항전을 계속했으며, 그 성과를 바탕으로 협상을 벌여 국가를 지키는 데 성공했다.

동시에 고려는 자신을 과대평가하지도 않았다. 전쟁은 언제나 협상을 전제로 한 것이었다. 예를 들어, 귀주대첩으로 거란에 승리한 직후 먼저 사신을 보내 거란을 상국으로 인정하고 전쟁을 멈출 것을 제의했다. 이것은 고려 외교사의 가장 빛나는 장면이라고 하기에 부족함이 없다. 몽골과의 전쟁

에서도 끝까지 싸우자는 무신정권 내 강경파의 주장을 뒤로
하고 현실적 타협책을 선택함으로써 국가를 지킬 수 있었다.

다른 나라들과의 관계를 설정하는 데 있어 자국의 힘을 정
확하게 아는 것은 매우 중요하다. 우리 역사에서 고구려는
국력을 과신하다 멸망했고, 조선은 과소평가한 결과 외교적
유연성을 잃었다. 고려는 그 중간에서 균형을 잡았다.

물론 고려 외교도 실패한 적이 없지 않았다. 고려 초에 송과
거란의 싸움에서 거란의 승리를 예측하지 못했고, 그 때문
에 거란의 침략을 불렀다. 말기에는 원과 명의 대립에서 명
의 승리를 섣불리 예단하는 바람에 중립 외교를 펼칠 수 있
는 기회를 놓치고 말았다. 이처럼 고려 외교는 성공 사례이
자 반면교사로서 모두 교훈이 될 것이다.

오늘날의 국제 환경에서 고려의 다원 외교는 역사적 경험
으로서 더욱 중요한 의미가 있다. 지금 우리는 미국과의 외
교뿐 아니라 중국과의 관계도 중요한 시대에 살고 있다. 현
재의 다원 외교는 미국과 중국뿐 아니라 세계 모든 나라를
동시에 상대하며 균형을 유지하는 것만이 아니라 여러 나라
들 사이의 관계를 읽고 조율하는 고차원의 전략이어야 한다.

21세기 대한민국은 결코 약소국이 아니다. 다만 우리가 상
대해야 하는 나라들이 모두 우리보다 강대국이라는 사실도

부인할 수 없다. 과거 고려가 그랬듯, 생존과 번영을 위해 지혜롭고 유연한 외교 전략이 절실하게 필요하다. 이런 상황에서 우리가 고려 외교에서 배워야 할 점은 분명하다. "힘이 없다고 해서 아무것도 할 수 없는 것은 아니다." 비록 더 강한 나라를 상대할지라도 그 나름의 힘과 국제 정세를 최대한 활용해 펼칠 수 있는 외교가 있다.

고려 외교는 단지 지나간 이야기가 아니다. 그것은 오늘을 위한 전략이며, 내일을 위한 자산이 될 것이다. 이 책을 통해 대한민국의 생존과 자존의 지혜를 찾기를 바란다.

고려왕조가 어떻게, 격랑의 국제 질서 속에서 500년 동안 버티며 발전할 수 있었는지, 그 비결을 외교라는 렌즈를 통해 찾아보려는 것이 이 책을 쓰게 된 출발점이었다. 고려-몽골 관계사를 연구하면서, 그리고 대학에서 전근대 동아시아 국제관계사를 강의하면서, 또 고려 외교를 주제로 한 대중 강연을 통해서 '다원적 국제 질서 속에서 유연한 실리 외교'가 그 비결이라는 답을 찾았다. 이 생각을 책으로 옮기고자 했으나 연구자의 딱딱한 글쓰기로는 독자들에게 접근하기 어려울 것이라는 걱정이 앞섰다. 그래서 강의하듯, 질문에 대답하듯 구어체의 서술 방식을 택했다. 역사학의 고전 E. H. 카의 《역사란 무엇인가》가 강의를 바탕으로 저술되었다는 사실에서도 용기를 얻었다. 독자들이 나의 이야기를 듣는 것처럼 편안하게 이 책을 읽어주면 좋겠다. 마지막으로 복잡한 원고를 깔끔하게 다듬어준 임지숙 편집자에게 고마움을 전한다.

2026년 새봄에
이익주

1장 고려 전기의 다원 외교

1. 고려의 첫 시험대, 거란의 등장

2. 황제국을 꿈꾸다

2장 고려와 몽골제국

국제관계사로 다시 읽는 세계 질서와 외교

'외교'란 국제사회에서 교섭을 바탕으로 국가 간에 이루어지는 모든 행위를 뜻합니다. 따라서 외교의 주체는 국가이지만, 그것을 바라보는 시각은 개인의 역사 인식에 따라 달라질 수 있습니다. 예를 들어 '우리 역사는 매우 자랑스럽다'고 생각하는 사람과 '과거에 부끄러운 일이 많았다'고 여기는 사람은 현재의 외교를 바라보는 관점에서 큰 차이가 있습니다. 역사 속 외교에 대한 국민 개인의 생각은 현실에서 여론을 형성함으로써 국가의 외교 정책에 영향을 미칩니다.

그래서 우리는 세계 속에서 우리나라의 위상을 어떻게 인식해야 할지, 그 판단 기준을 세워야 합니다. 많은 한국인이 우리나라를 '약소국'이라 여기곤 합니다. 영토가 좁기 때문일까요? 그러나 실제로 대한민국의 면적은 약 100,500㎢로 세계 200여 개 나라 중 107위이며, 인구는 2025년 통계청 기준 약 5,168만 명으로 29위에 해당합니다. 이것만으로도 약소국이라고 하기는 어렵죠. 하지만 각종 경제·사회·문화 지표와 군사력 등을 종합하면 대한민국의 국력은 대략 세계 5위에서 10위 사이입니다. 그럼에도 우리는 아직도 스스로를 '작은 나라'라고 생각합니다.

이제는 우리 역사에 자부심을 가질 필요가 있습니다. 자부심은 강요한다고 만들어지는 것이 아니지요. 스스로 납득하고 공감할 수 있어야 합니다. 언젠가는 역사교육에서 우리 역사가 훌륭하고, 우리 문화가 '세계에서 가장' 우수하다고 가르친 적이 있습니다. 하지만 그렇게 강요된 지식이 어떤 계기인가로 해서 한순간에 무너지는 경험도 했습니다. '우리 역사가 훌륭하다'는 믿음은 국민들 각자가 스스로 인정할 수 있을 때 비로소 힘을 갖습니다.

그렇다면 글로벌 시대를 살아가는 지금, 우리는 어떤 역사 인식을 가져야 할까요?

당연히 우리 역사에 대한 자부심이 무엇보다 먼저입니다. 우리는 긴 역사를 가지고 있습니다. 역사가 길다는 것은 오랫동안 망하지 않았다는 뜻이지요. 유구한 전통을 지키면서 독자적 문화를 발전시켜왔습니다. 중국과 국경을 접한 나라들 가운데 지금까지 멸망하지 않고 역사를 이어온 나라는 거의 없습니다. 중국의 문물을 수용하되, 우리 식으로 다시 창조해냈지요. 고려청자가 대표적 사례입니다. 도자기의 기원은 중국이지만, 고려는 이를 고려만의 것으로 만들었습니다. 또한 우리는 다른 나라를 침략한 적이 없습니다. 평화와 공존의 전통을 지켜온 것이죠. 이것이 오늘날 당당한 역사로 남아 있습니다. 한·중·일 역사학자들이 모여 대화하면 한국 학자가 제일 편합니다. 어떤 일이든 숨기거나 왜곡하지 않고, 있는 그대로를 말할 수 있는 역사를 가지고 있기 때문이죠.

둘째, 다른 나라의 역사와 문화를 이해하고 존중할 줄 알아야 합니다. 우리는 흔히 "우리 문화의 우수성을 세계가 인정한다"는 말을 합니다. 이런 자긍심도 물론 중요하지만, 동시에 다른 문화에 대해서도 편견 없이 이해하고 존중하는 태도를 가져야 합니다. 우리 역사에서 '세계 최초' '세계 최고'를 자랑하는 일은 이제 그만하면 좋겠습니다. 긴 역사를 자랑하는 나라라면 세계 최초로 한 일이나 최초로 만든 물건 몇 가지쯤은 가지고 있는 게 당연하지 않나요? "우리 것이 최고다"라는 말보다는 세상엔 훌륭한 문화가 많이 있고, 우리 문화도 그중 하나라고 말하는 여유롭고 품격 있는 자세가 오히려 더 강한 문화적 자신감을 보여줍니다.

셋째, 과거 역사를 직시할 수 있는 용기가 필요합니다. 우리 역사라고 해서 늘 자랑스러운 일만 있었던 것은 아닙니다. 부끄럽고 안타까운 장면도 분명히 존재합니다. 그렇다고 그것을 외면하거나 감추기보다 있는 그대로 인정할 수 있어야 합니다. 그럴 때 우리는 비로소 세계 10위 안쪽의 위상에 걸맞은 성숙한 역사의식을 갖출 수 있습니다.

과거 우리나라는 가난했습니다. 우리 조상은 아주 오랫동안 농사로 삶을 꾸렸지만, 이 땅의 자연환경은 농사에 그리 유리하지 않았습니다. 그럼에도 우리는 성실함과 근면함으로 그 악조건을 극복하고 발전을 이루어냈습니다. 그래서 지금 우리의 자랑은 '과거의 가난했음'을 있는 그대로 말할 수 있는 당당함에 있습니다. 과거 역사는 절대로 바꿀 수 없습니다. 있던 그대로 인정할 뿐이며, 그것을 밑바탕으로 삼아 미래로 나아갈 뿐입니다.

대외관계사에서 국제관계사로, 세계 질서를 읽는 새로운 시각

한국 역사학계에서는 흔히 '대외관계사'라는 용어를 사용합니다. 이는 대미 관계, 대중 관계, 대일 관계 등 우리나라를 중심으로 다른 나라들과 맺은 관계의 역사를 의미합니다. 그러나 이 시각은 미국과 중국, 미국과 일본, 중국과 일본 관계처럼 '타국과 타국' 사이의 관계를 놓치는 맹점이 있습니다. 결국 대외관계사만으로는 복잡한 세계사의 구조를 제대로 이해하기 어렵게 됩니다.

게다가 대외관계사의 관점은 '나'를 중심에 두기 때문에 상대방 입장을 고려하지 못한 채 주관적 사고로 이어지기 쉽습니다. 예컨대 "우리는 수많은 외침을 받았으나 국난을 극복하고 살아남았다"는 식의 서사는 자긍심을 고양시킬 수는 있지만, 국제관계를 보다 넓고 입체적으로 보는 데는 한계가 있습니다.

우리가 침략은 많이 당했다고 생각하기 쉽지만, 실제로는 놀랍게도 우리만큼 전쟁을 겪지 않은 나라도 드뭅니다. 조선의 예를 살펴보면, 1392년 건국 이후 무려 200년 동안 큰 전쟁 없이 평화를 유지하다 1592년 임진왜란을 겪었습니다. 병자호란이 발발한 1636년 이후로도 150여 년간 평화가 이어졌습니다.

고려 역시 마찬가지입니다. 993년부터 1018년까지 거란의 세 차례 침략을 겪었지만, 그 이후로 약 200년간 평화가 지속되었습니다. 1231년부터 1259년까지 28년 동안 몽골의 침략을 당했지만, 이후 약 100년간 안정된 시기를 유지했습니다. 고려 500년 역사에서 큰 전쟁은 2차례, 총 54년 정도였으니, 이걸 가지고 전쟁이 잦았다고 하기 어렵습니다.

지금처럼 UN 같은 국제기구가 평화를 중재해주지 않는 상태에서 100년, 200년씩 평화를 누린 것은 극히 드문 일입니다. 주변 국가들과는 필요한 것을 교환하면서 평화롭게 지냈고, 예외적으로 갈등이 커질 때 전쟁이 벌어졌습니다. 역사를 전쟁 중심으로 서술하다 보니 이러한 평화와 교류의 시간이 제대로 조명받지 못하는 것입니다.

이런 문제의식에서 저는 '대외관계사' 대신 '국제관계사'라는 용어를 사용하고자 합니다. '국제'의 제際는 본디 '사이'를 뜻합니다. 즉, 국제관계사는 국가와 국가 사이에 맺은 모든 관계의 역사입니다. 직접적 교류뿐 아니라, 간접적으로 영향을 주고받는 사례까지도 포함합니다.

예를 들어 신라는 고구려를 멸망시킨 당나라와 전쟁을 벌여 승리했습니다. 신라가 어떻게 강대국 당을 이길 수 있었을까요? 당시 당나라는 서쪽에서 돌궐과 티베트의 공격을 받았고, 한반도에 배치했던 군대를 서쪽으로 이동해야 했습니다. 이 틈을 이용해 신라는 승리할 수 있었습니다. 물론 돌궐과 티베트가 당을 공격할 정도로 강해진 데는 동쪽에서 고구려가 오랫동안 당과 전쟁을 벌인 것이 작용했겠지요. 또 다른 예로 당나라가 돌궐, 티베트와 싸우는 사이에 동쪽에서 거란족이 반란을 일으켰고, 그 기회를 틈타 고구려 유민이 발해를 세운 것을 들 수 있습니다. 이처럼 돌궐과 티베트 그리고 거란은 신라나 발해와 직접 접촉하지 않았지만 간접적으로 영향을 주고받은 셈입니다.

심지어 '관계가 없는 관계'도 존재합니다. 머릿속에만 있는 관계를 말하죠. 예컨대 조선인이 직접 베트남을 방문해본 적은 없어도, 중국을 통해 베트남에 대한 이야기를 듣고 간접적으로 영향을 받는 경우입니다. 이처럼 국가 간 관계에는 직접적·간접적 관계는 물론 '무관계'까지도 포함됩니다. 지도에 이러한 관계의 범위를 표시하는 것이 국제관계사 연구의 첫걸음입니다. 그 지도 안에는 분명 여러 국가가 어울려 만든 질서가 있을 것입니다. 그러면 자연스럽게 주관적 역사에서 벗어나고, 질서 속에서 우리의 위상을 객관적으로 파악할 수 있습니다. 각 시대별로 국가들이 만든 질서는 어떤 것일까요? 이것을 밝혀내는 게 국제관계사 연구입니다.

전근대 한국사에서 '세계'는 동아시아에 국한되어 있었습니다. 동아시아는 지리적으로 아시아 동부, 즉 동북아시아와 동남아시아를 의미하지만, 역사적으로는 한국·중국·일본 그리고 베트남이 포함됩니다.

1960년대에 일본 역사학자 니시지마 사다오西嶋定生는 '동아시아 세계'라는 개념을 제시했습니다. 그는 지구를 여러 개의 '작은 세계(불교 세계, 기독교 세계, 이슬람교 세계, 중국을 중심으로 한 세계 등)'로 나눌 수 있다고 보았는데, 그중 하나가 바로 동아시아 세계입니다. 이 동아시아 세계의 공통점으로는 한자 사용, 한역漢譯 불교(대승불교), 유교, 율령제를 들었습니다.

1960년대에는 또 미국 역사학자 존 페어뱅크John K. Fairbank가 '중국 중심의 세계 질서Chinese World Order'라는 개념을 제안했습니다. 그는 전근대 시기에 중국과 주변 국가들이 맺은 조공tribute 관계에 주목해서 '조공 체제'라는 말을 만들고, 한국과 베트남, 일본, 류큐 등을 포함시켰습니다.

이렇게 니시지마와 페어뱅크의 생각이 결합하면서 동아시아 세계라는 아이디어가 만들어졌습니다. 시간이 흐르면서 두 이론은 많은 비판을 받기도 했지만, 아직도 전근대의 국제관계를 세계사적 시각으로 보는 데 도움이 됩니다.

대등한 국가는 없다, 전근대 세계의 상식

근대 이전에는 국가와 국가를 서로 대등하게 여기지 않는 것이 일반적이었습니다. 동아시아에는 황제가 다스리는 나라가 있고, 국왕이 다스리는 나라가 있었습니다. 유럽도 마찬가지입니다. 예를 들어 서로마제국의 전통을 계승한 신성로마제국은 유일한 제국empire이었고, 그 외의 국가는 모두 왕국kingdom이었습니다. 동서양 모두 국가 간 위계를 당연 시한 것입니다.

물론 신성로마제국은 결코 '신성'하지도, '로마'답지도, '제국'도 아니었다는 볼테르의 말처럼 주변 왕국들을 힘으로 압도하지 못했습니다. 반면, 중국은 많은 인구와 넓은 영토를 바탕으로 경제력과 군사력, 그리고 우월한 문화로 주변 국가를 압도했고, 그 때문에 중국 중심의 위계질서가 오랫동안 유지됐습니다. 그 질서는 이후 서양 세력이 등장해 힘의 균형을 뒤흔들기 전까지 존속했고, 우리나라 역시 늦게까지 그 틀 안에 있었습니다.

전근대 동아시아 국제 질서 속에서 약소국의 외교는 자연히 '중국에 어떻게 대응할 것인가'라는 문제를 중심으로 전개될 수밖에 없었습니다. 한국 외교사 역시 이러한 비대칭적 관계 속에서 강대국인 중국과의 외교를 축으로 펼쳐졌습니다. 그중 9~14세기에 고려가 어떻게 대응했는지를 살펴보는 것이 바로 '고려 외교사'입니다.

이 책에서 핵심적으로 등장하는 개념이 바로 사대事大입니다. 사대는 '작은 나라가 큰 나라를 섬긴다'는 뜻의 이소사대以小事大에서 비롯된 말로, '큰 나라가 작은 나라를 살핀다'는 뜻의 자소字小, 즉 이대자소以大字小와 짝을 이룹니다. 즉, 사대와 자소는 소국과 대국의 상호 관계를 전제하며, 구체적으로는 책봉과 조공으로 표현됩니다. 책봉이란 대국의 황제가 주변 소국 국왕의 지위를 승인하는 행위이고, 조공은 그 책봉에 대한 답례로 국왕이 황제에게 예물을 바치는 행위입니다. 책봉과 조공은 일방적인 것이 아니라, 동시에 주고받는 것입니다. 책봉만 받고 조공하지 않거나, 책봉을 받지 않고 조공만 하는 경우는 책봉-조공 관계라고 할 수 없습니다. 우리나라는 외교에서 이 방식을 적극적으로 활용했고, 이를 통해 일차적으로 국가를 보존하고 더 나아가 국제 질서에 편입되어 경제와 문화를 발전시켰습니다.

책봉에는 두 가지 중요한 의미가 있습니다. 첫째, 책봉은 일방적 굴복이 아니라, 국가의 존재를 외부로부터 공인받는 외교적 성과였습니다. 삼국의 전성기인 백제 근초고왕, 고구려 장수왕, 신라 진흥왕도 모두 중국 왕조로부터 책봉을 받았습니다. 후삼국의 견훤과 왕건은 책봉을 받기 위해 경쟁했습니다. 후당은 견훤을 '판백제군사判百濟軍事'로, 왕건을 '고려 국왕'으로 책봉했는데, 견훤을 백제 국왕으로 책봉하지 않음으로써 왕건보다 아래에 두었습니다. 신라 역시 후당에 책봉을 요청했으나 받지 못했습니다. 반면, 고구려 장수왕은 중국이 남조와 북조로 나뉘어 있던 시기를 이용해 두 곳 모두로부터 책봉을 받는 외교술을 발휘하기도 했습니다.

우리나라는 고구려부터 조선까지 예외 없이 중국 왕조와

책봉-조공 관계를 맺었습니다. 이 외교 전략이 장기적으로 국가의 존속에 기여했지요. 군사력이 아닌 외교력이야말로 우리가 긴 역사를 이어온 핵심 동력입니다. 고려가 그 대표적 예입니다. 고려는 전쟁에서는 패하더라도 외교에서 승리하는 지혜로운 모습을 보여주었습니다.

918년 건국해서 1392년 멸망하기까지 474년을 존속한 고려는 거란·몽골이라는 강적과 두 차례, 각각 30년에 가까운 전쟁을 치르면서도 멸망하지 않았습니다. 같은 기간 동안 중국에서는 후량, 후당, 후진, 후한, 후주, 거란, 송, 금, 남송, 몽골까지 무려 10개 왕조가 흥망을 겪었습니다. 반면, 고려는 하나의 나라로 500년 가까이 이어졌습니다. 그 비결은 바로 외교력에 있었습니다.

고려 초에 중국은 북쪽의 거란과 남쪽의 송, 12세기 들어서는 북쪽의 금과 남쪽의 남송이 대립했고, 그로 말미암아 동아시아에는 다원적 국제 질서가 만들어졌습니다. 고려는 이 두 축을 동시에 상대하며 균형을 지켰습니다. 그러한 균형 외교를 통해 500년 가까이 국가를 유지했습니다. 이처럼 다원적 국제 질서 속에서 생존력을 발휘하고, 자주성을 지킨 것이 고려 외교의 본질입니다. 21세기 미국과 중국이 경쟁하는 G2 시대에 대한민국 외교의 길을 고려 외교에서 찾을 수 있지 않을까요?

1장

고려 전기의 다원 외교

당의 몰락, 새로운 국제 질서의 시작

10세기 동아시아에서는 큰 변동이 일어나고 있었습니다. 907년 세계제국 당나라가 멸망하고 송나라가 중국을 재통일하기까지 약 70년이 걸렸습니다. 중국사에서는 이 시기를 '오대십국五代十國 시대'라고 부릅니다.

당 말기의 반란 세력이던 주전충이 당 황제로부터 선양 형식으로 제위를 넘겨받아 후량을 세웠고, 이후 중원 지역에서는 후당, 후진, 후한, 후주 등 다섯 왕조가 차례로 등장했습니다. 이들을 통틀어 '오대'라고 부릅니다. 한편, 중원을 제외한 다른 지역에서는 수많은 지방 정권이 세워졌고, 그중 대표적

인 10개 나라를 일컬어 '십국'이라고 합니다. 오대
십국의 분열과 혼란기는 960년에 후주를 계승한 송
나라가 979년에 십국 중 마지막으로 남아 있던 북
한北漢을 멸망시키면서 끝납니다.

이렇게 당 멸망 이후의 분열기를 송이 재통일했
다고 흔히 알려져 있지만, 여기에는 큰 문제가 있습
니다. 송 건국 훨씬 이전인 907년에 거란이 먼저 나
라를 세웠기 때문입니다. 거란은 과거 흉노로부터
시작되는 장성長城(만리장성) 밖 유목국가들과는 다른
점이 있었습니다. 단순히 장성을 넘어 중국 땅을 약
탈한 것이 아니라, 중국 문화의 근원지인 중원을 차
지했기 때문입니다.

이렇게 된 데는 사연이 있었습니다. 후당의 절도
사이던 석경당이 후진을 세우는 과정에서 거란의
군사적 지원을 받았고, 그 대가로 장성 이남의 영토

- 오대는 중원에 있었던 후량後梁(907~923), 후당後唐(923~936), 후
  진後晉(936~947), 후한後漢(947~951), 후주後周(951~960)를 가리킨
  다. 이들의 본래 이름은 각각 대량大梁, 대당, 대진, 대한, 대주이다.
  십국은 오吳(907~937), 오월吳越(907~978), 초楚(907~951), 전촉前蜀
  (907~925), 민閩(909~945), 남한南漢(917~971), 남평南平(924~963),
  후촉後蜀(934~965), 남당南唐(937~975), 북한北漢(951~979)이다.
  북한만 장성 근처에 있었고, 나머지는 모두 오대 왕조의 남쪽에
  있었다.

10~11세기 동아시아

를 거란에 넘겼습니다. 그 지역에는 연주(유주)·운주 등 16개 주가 포함되었기 때문에 이를 통틀어 '연운 16주'라고 부릅니다. 이 지역은 이후 송과 거란 사이에 소유권을 둘러싼 오랜 분쟁의 씨앗이 되었습니다.

이처럼 북쪽에는 거란이, 남쪽에는 오대와 송이 들어섰죠.

이 시점에서 우리는 묻게 됩니다. "그렇다면 이 시기의 중국은 과연 어디인가?" 대부분은 '당연히 송나라가 중국이지'라고 생각하겠지만, 여기서 더 근본적 의문이 생깁니다. '중국이란 무엇인가?'하는 의문입니다. 사전적으로 '중국'은 중화민국이나 중화인민공화국의 줄임말입니다. 그런데 이 둘은 모두 20세기에 등장한 국가죠. 그렇다면 그 이전에는 중국이 존재하지 않았던 걸까요? 중국이라는 개념은 생각보다 훨씬 복잡하고 다중적 의미를 가지고 있습니다.

역사 속에서 중국의 개념을 정의하기란 쉽지 않습니다. 종족을 기준으로 볼지, 영토를 기준으로 볼지부터가 모호합니다. 종족을 기준으로 한다면 한족漢族이 세운 나라를 중국이라 해야 할 텐데, 곰곰이 따져보면 중국 역사에서 한족 왕조는 오히려 많지 않습니다. 한나라, 송나라, 명나라 정도입니다. 영토를 기준으로 정의하면 어떻게 될까요? 이 경우에도 어디까지가 중국 땅인지를 두고 의견이 갈릴 수밖에 없습니다. 대체로 황허 중하류 지역, 즉 중원을 중국의 중심이라고 생각하는데 황허문명의 발상지이자 이후 중국 역사의 중심 무대이기 때문입니다. 그래서 일찍이 "중원을 차지하는 자가 중국을 지배한다"는 말까지 생겨난 거죠.

이 기준에 따르면 송나라와 거란 가운데 중원을 차지한 쪽은 오히려 거란이었고, 따라서 거란을 중국이 아니라고 할

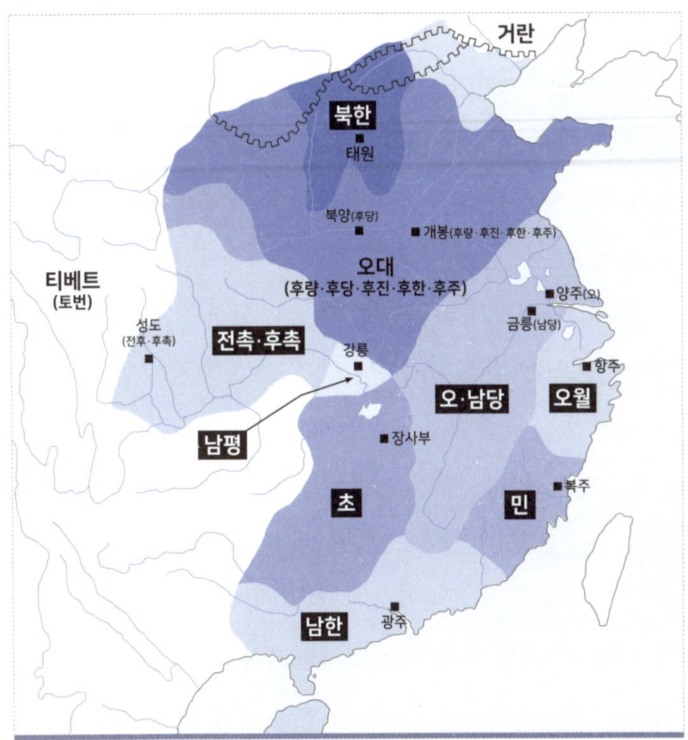

오대십국의 형세

수 없게 됩니다. 우리는 한족 중심의 중국사에 익숙해서 흔히 '당-송 교체'라는 말을 씁니다. 그러나 실제로는 중원을 점령한 거란과 그 아래 위치한 송나라가 서로 대립함으로써 중국이 분열되었고, 그로 말미암아 동아시아에 다원적 국제 질서가 형성된 것입니다.

거란은 본래 랴오허강과 시라무렌강 유역에 살던 유목 부족으로, 9세기 말 당나라가 쇠퇴하면서 세력을 키웠습니다. 907년 야율아보기가 나라를 세우고 국호를 '거란'이라 정했죠. 이후 북쪽으로는 몽골 초원을 영향권에 두고, 동쪽으로는 926년 발해를 멸망시키며 급격히 세력을 확장했습니다. 발해 멸망은 거란에 영토와 인구 확대는 물론, 선진 문화를 받아들이는 계기가 되었을 것입니다. 세력을 강화한 거란은 936년 연운 16주를 차지하며 장성 남쪽 중원까지 진출했습니다.

거란이 처음부터 장성을 넘어 중원으로 들어갈 의도가 있었는지는 분명하지 않습니다. 흉노·돌궐·위구르와 마찬가지로 거란도 유목 민족이었고, 농경 지역인 중원은 굳이 필요하지 않았을지도 모릅니다. 하지만 후당의 석경당이 후진을 세우는 것을 도왔고, 그 대가로 연운 16주를 차지했습니다. 중원 지역에 있는 연운 16주는 전통적으로 유목 민족이 내려가지 않던 장성 남쪽의 땅입니다.

후진은 해마다 거란에 선물을 보냈는데, 이를 세폐歲幣라 불렀습니다. 조공이라는 표현 대신 세폐라는 말을 사용한 이유는 거란과의 상하 관계가 드러나는 것을 피하려 했기 때문입니다. 하지만 거란은 후진 황제를 책봉하기까지 했습니다. 이는 중국 역사상 이민족 군주가 중국 황제를 책봉한 첫 사례로, 매우 충격적인 일이었습니다. 물론 후진은 책봉을 받은

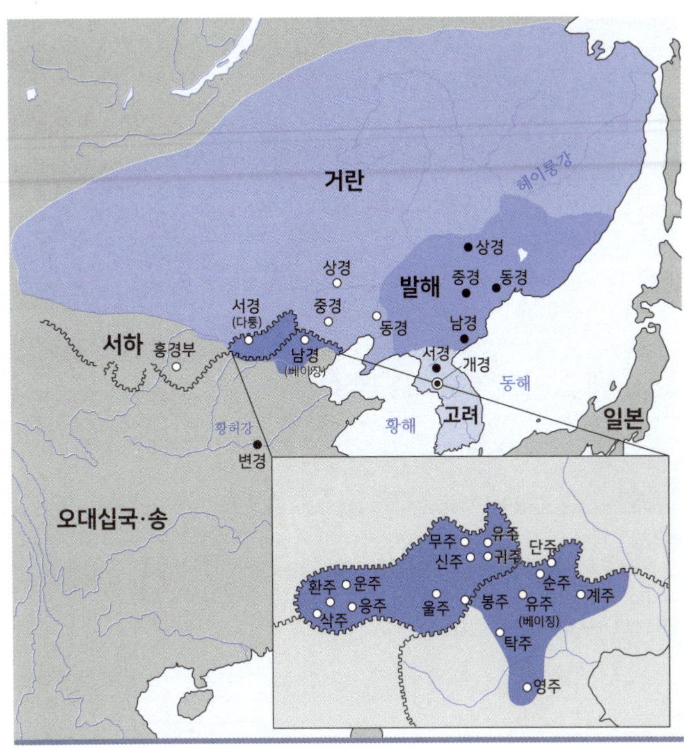

연운 16주

것이 아니라 세폐만 보냈을 뿐이라고 강변했지만, 본질이 감추어지지는 않습니다. 이후 석경당이 죽고 그의 아들이 세폐 지급을 일방적으로 중단하자, 946년에 거란은 군대를 이끌고 후진을 공격해 멸망시킨 다음 국호를 '대요大遼'로 바꾸었습니다.

그런데 우리가 흔히 '요나라'라고 부르는 이 국호에 대해

석경당 I 거란의 도움을 받아 후진을 건국하고 연운 16주를 거란에 떼어준 인물이다. 이 초상화는 본래 모습이 아니라 명나라 때 그린 것으로, 옷과 모자가 명나라 양식으로 왜곡되어 있다.

서는 생각해볼 여지가 있습니다. 거란족은 왜 자기 나라 이름을 굳이 한문으로 지었을까요? 중국 문화가 우월하다 보니 이민족이 중국에 들어오면 자연스럽게 그 문화를 받아들이고 스스로 중국화한다고 생각하는 경향이 있는데, 이를 '한화漢化 이론'이라고 부릅니다. 하지만 이민족 입장에서 보면 이는 납득하기 어려운 주장입니다. '우리에게도 고유한 문화가 있는데, 왜 그걸 버리고 중국식으로 바꿔야 하지?' 오히려 이렇게 생각했을 가능성이 큽니다. 사실 우리만 해도 그렇지 않았나요?

《요사》에는 거란이 후진을 멸망시킨 뒤 국호를 대요로 바꾸었다는 기록이 있지만, 실제로는 이 명칭이 장성 이남 연운 16주에 한정되어 쓰였고, 본거지에서는 여전히 거란이라는 국호를 사용했습니다. 이후 983년에 국호를 다시 거란으로 통일했고, 1066년에 이르러서야 비로소 대요로 완전히 변경했습니다. 거란 역사 218년 동안 거란이라는 국호를 사용한 기간은 159년이고, 대요를 사용한 기간은 59년에 불과합니다. 따라서 오늘날 우리가 하나로 통일해 부른다면 거란이라고 하는 편이 더 맞겠지요. 참고로 《고려사》에서는 1066년 3월을 기준으로 앞에서는 거란, 뒤에서는 요라고 구별해서 기록했습니다. 역시 《고려사》는 정확한 사서입니다.

중국에서 오대십국의 혼란이 이어지는 동안, 동남아시아에서는 베트남이 중국의 지배에서 벗어나는 중대한 사건이 벌어졌습니다. 베트남은 기원전 111년 남비엣南越이 한나라에 멸망한 뒤 줄곧 중국의 지배를 받아왔습니다. 참고로 이는 고조선이 기원전 108년 한나라에 멸망한 것과 거의 같은 시기입니다. 그러던 중 939년 응오꾸옌吳權이 십국 중 하나인 남한南漢과의 전투에서 승리해 독립을 이루고 국가를 세웠습니다. 베트남사에서는 이를 응오吳 왕조라고 합니다.

한편, 중국 서북쪽 내몽골 지역에서는 탕구트족이 당나

라 말기의 혼란 속에서 세력을 키우고 자립했습니다. 이들은 1038년 나라를 세우고 국호를 '대하大夏'라고 지었습니다. 그 이전부터도 이들은 거란과 송 사이에서 중립 외교를 펼치며 실리를 챙기는 외교 전략을 구사하고 있었습니다.

이처럼 10세기에 중국이 송과 거란으로 분열되는 사이, 동아시아에서는 베트남과 대하가 등장하며 다원적 국제 질서가 형성되었습니다. 그리고 이 질서를 구성하는 또 하나의 주인공이 바로 고려였습니다.

10세기 초에 한반도는 후삼국으로 분열된 상태였습니다. 신라, 후백제, 고려 세 나라는 군사적으로 대립했을 뿐 아니라 외교 면에서도 경쟁했습니다. 흥미로운 일화가 하나 있습니다. 중국 오대 왕조 중 하나인 후당 때의 일인데, 933년 후당이 왕건을 고려 국왕으로 책봉했습니다. 고려 건국 이후 처음으로 중국 왕조로부터 책봉을 받은 것입니다. 그런데 그보다 앞선 925년, 후당은 견훤을 백제 국왕이 아닌 판백제군사로 책봉했습니다. 또 932년에는 신라가 사신을 파견했을 때 후당은 신라 국왕을 '권지국사權知國事'라고 불렀습니다. 권지국사란 '임시로 국사를 담당하는 사람'을 뜻하므로, 후당이 신라 국왕을 정식으로 책봉하지 않았다는 의미입니다. 이처럼 고려를 고려 국왕으로, 후백제를 판백제군사로, 신라를 아예 책봉 없이 권지국사로 등급을 나눈 것은 분열된 한

반도의 각 정권에 대한 영향력을 극대화하려는 후당의 외교 전략이었을 겁니다.

그러나 고려 입장에서는 삼국이 대립하는 가운데 외교전에서 우위를 점했다고 평가할 수 있을 것입니다. 고려가 후당과 맺은 책봉-조공 관계는 이후 후진, 후주를 거쳐 송나라로까지 이어집니다. 다만 그사이 고려가 독자적 연호年號를 만들어 사용한 적도 있어 이에 대한 설명이 필요합니다.

연호란 해를 표시하는 방식입니다. 지금 우리는 서양의 기독교 문명권에서 만든 서기西紀 연호를 사용하고 있지요. 전근대 동아시아 세계에서는 대체로 책봉국의 황제가 정한 연호를 따랐습니다. 황제만이 천자天子로서 연호를 제정할 수 있다고 여겼기 때문에 황제국을 선포하는 행위를 '칭제건원稱帝建元', 즉 황제를 칭하고 연호를 세운다고 표현했습니다.

중국 황제로부터 책봉을 받는 국가는 독자 연호를 제정하지 않고 중국의 연호를 따랐지만, 고려는 오대 왕조와 송나라로부터 책봉을 받으면서도 독자 연호를 사용했습니다. 태조가 건국과 동시에 제정한 '천수天授', 광종이 사용한 '광덕光德'과 '준풍峻豐'이 그것입니다. 이를 두고 고려가 황제국의 격식을 갖추려 했다거나 왕권을 강화하려는 의도를 담았다는 해석도 있지만, 연호를 사용한 시점을 면밀하게 살펴보면 그렇지 않다는 걸 알 수 있습니다.

918년에 건국한 고려는 어느 나라로부터도 책봉을 받지 않은 상태였기 때문에 사용할 연호가 없었습니다. 또 고려에 앞서 존재했던 궁예의 태봉국에서는 이미 '수덕만세水德萬歲'와 '정개政開' 같은 연호를 사용했으므로 왕건이 건국과 동시에 연호를 제정한 것은 어찌 보면 자연스러운 일이었습니다. 하지만 933년 후당으로부터 책봉을 받았으므로 이때부터는 후당의 '장흥長興' 연호를 사용했을 것입니다. 이후로도 고려는 후당·후진 등과 차례로 책봉-조공 관계를 맺으며 그들의 연호를 따랐을 것으로 보입니다.

태조에 이어 광종도 독자 연호를 만들어 사용했습니다. 950년의 광덕, 960년의 준풍이 그것인데, 이에 대해서는 조금 더 자세한 설명이 필요합니다.

광종이 즉위하기 직전인 946년에 후진이 멸망하고 후한이 건국되었습니다. 따라서 고려는 후한의 책봉을 받고 그 연호를 사용해야 했지만 그럴 겨를도 없이 후한이 3년 만에 멸망하고 말았습니다. 그 때문에 광종은 즉위와 동시에 독자 연호를 제정했던 것입니다. 이후 광종은 953년에 후한을 계승한 후주로부터 책봉을 받지만, 실제로는 그보다 앞서 951년부터 후주의 연호를 사용하고 있었습니다. 책봉을 예상하고 미리 연호를 사용한 것이지요. 따라서 광덕 연호는 950년과 951년 두 해 동안만 쓰였을 것입니다.

960년 광종은 또 한번 독자 연호인 준풍을 제정했습니다. 이는 곧 광덕 연호가 계속 유지되지 않았음을 보여줍니다. 당시 상황 역시 광덕 때와 유사했습니다. 960년에 후주가 멸망하고 송나라가 건국되었으나, 고려는 곧바로 송의 책봉을 받지 못했습니다. 그런 상황에서 준풍 연호가 등장한 것입니다. 이후 963년 송으로부터 광종에 대한 책봉이 이루어졌고, 고려는 이때부터 송의 '건덕乾德' 연호를 사용했을 것으로 보입니다.

결국 고려의 독자 연호는 책봉-조공 관계가 단절된 시기에 일시적으로 사용한 것이며, 이는 고려가 황제국을 자처했다기보다 오히려 책봉-조공 질서에 충실하게 대응한 증거라고 할 수 있습니다.

고려는 왜 거란을 거부했나

송은 오대의 마지막 왕조인 후한을 계승해 건국되었고, 이후 십국을 통일했습니다. 하지만 북쪽에는 그보다 먼저 거란이 나라를 세우고, 장성 남쪽의 연운 16주를 지배하고 있었습니다. 이렇게 거란과 송이 대립하는 가운데 고려는 친親송, 반反거란 노선을 분명히 했습니다.

거란은 그런 고려가 신경 쓰였겠지요. 태조 말년인 942년 거란이 고려에 사신과 함께 낙타 50마리를 선물로 보내온 일이 있습니다. 하지만 태조는 이 낙타들을 개경의 만부교 다리에 매어놓고 굶겨 죽였죠. 사신 30명은 섬으로 유배를 보냈고요. 전쟁 중에도 사신을 이렇게까지 하지 않는데, 이는 거란에 대한 극단적 적대감을 드러낸 것으로 볼 수 있습니다.

이뿐만이 아닙니다. 태조가 그다음 해(943년)에 세상을 떠나며 자손들에게 유훈을 남겼는데, 이른바 '훈요십조'입니다. 그중 제4조에서 "거란은 금수 같은 나라로 풍속이 같지 않고, 말도 다르니 의관과 제도를 본받지 말라"고 못 박습니다. 태조의 유언이니 후대 국왕들도 이를 쉽게 어길 수 없었지요. 실제로 고려는 이후에도 거란과 충돌을 이어갔습니다.

그렇다면 태조는 왜 이토록 거란을 배척했을까요? 이에 대해서는 세 가지 견해가 있습니다.

첫째, 고려가 발해를 동족同族의 나라로 여겼고, 거란이 발해를 멸망시킨 만큼 적대감을 품었다는 설명입니다. 실제로 태조가 거란에서 보내온 낙타를 죽이며 "거란은 발해를 멸망시킨 무도한 나라"라고 말한 적이 있습니다. 하지만 여기엔 의문이 남습니다. 과연 고려 사람들이 발해를 동족으로 생각했을까요? 발해가 고구려 유민이 세운 나라이고, 고려는 고구려 계승을 내세웠으니 동족 의식이 있었다고 볼 수도 있지만, 이는 오늘날의 해석일 뿐 당시의 인식이라고 단정할 수 없습니다.

둘째, 발해 유민 때문이라는 설명입니다. 발해 멸망 후 수많은 유민이 고려로 들어왔습니다. 당시 고려 인구가 수백만 명이었는데, 유입된 발해 유민은 수십만 명에 달했을 것으로 보입니다. 고려가 이들을 의식해 반거란 정책을 펼쳤다는 것입니다. 하지만 이 주장은 발해 유민이 실제로 어떤 역할을 했고, 얼마만큼 영향력을 행사했는지 밝혀야 설득력을 얻을 수 있을 것입니다.

셋째, 거란이 고려의 북진정책을 방해했기 때문이라는 주장입니다. 꽤 설득력 있어 보이지요. 조선 후기 실학자 성호 이익이 일찍이 이러한 견해를 밝힌 바 있습니다. 하지만 이 역시 의문이 남습니다. 과연 고려가 압록강을 넘어 고구려 땅을 회복하겠다는 의지를 실제로 가졌을까요? 고려가 건국 초기부터 북진정책을 폈다는 것은 잘 알려진 사실이지만, 압록강 너머까지 목표로 삼았다는 근거는 찾을 수 없습니다. 그러니 거란을 현실적 위협으로 인식했다고 보기는 어렵겠지요.

결국 이 세 가지 견해 모두 결정적 해답을 주지는 못합니다. 이 문제는 고려의 거란 인식과 관련해 앞으로 더 많은 연구가 필요한 주제로 보입니다.

반대로 고려가 왜 반거란 정책을 펼쳤는지가 아니라 친송 정책을 펼친 이유를 찾아보면 어떨까요? 고려 초기는 중국 문화를 본격적으로 수용하기 시작한 때였습니다. 선진 문화를 받아들여 중국과의 격차를 줄이고, 그것을 소화해 나름의 독자 문화를 발전시켰지요.

실제로 고려 건국을 전후해 유입된 유교 정치 이념, 선종 불교, 풍수지리는 모두 당나라에서 들어온 것입니다. 고려가 건국 후 정치제도를 정비할 때도 당·송의 제도를 적극적으로 받아들였지요. 3성 6부 중심의 정치제도는 물론, 과거제도 역시 당·송에서 발전한 것이었습니다. 또한 송나라의 도자기 제조법을 받아들여 세계에서 두 번째로 청자를 만들고, 이를 발전시켜 고려청자라는 독창적 양식을 완성했습니다. 문화 수용의 필요에 따라 친송 정책을 펼쳤고, 그 때문에 송과 대립하고 있는 거란과 적대 관계를 맺게 된 것 아닌가 생각해볼 수 있습니다.

서희의 담판, 전쟁을 막고 영토를 넓히다

거란과 송이 대치하는 가운데, 친송반거란 정책을 일관되게 펼쳐온 고려는 결국 거란의 침략을 받게 되었습니다. 고려의 외교 노선을 생각하면 예상된 결과라고도 할 수 있습니다.

993년(성종 12), 거란은 동경유수 소손녕蕭遜寧을 지휘관으로 삼아 고려를 침공했습니다. 이후에도 거란의 침입이 몇 차례 더 있었기 때문에 이를 '거란의 1차 침략'이라고 부릅니다. 《고려사》는 당시 상황을 다음과 같이 기록했습니다.

거란이 침략해오자, 성종은 친히 방어하고자 서경으로 행차하여 안북부까지 이르러 머물렀다. (…) 소손녕이 말하기를 "우리 거란은 고구려의 옛 땅을 모두 차지하였는데, 지금 너희가 그 영토를 침탈하였으므로 토벌하려는 것이다"라고 하였다. (…) 성종이 신하들과 의논하자, 서희가 아뢰었다. "지금 저들의 군세가 강하다고 하여 서경 이북의 땅을 떼어주는 것은 좋지 않은 계책입니다. 더구나 삼각산 이북도 고구려의 옛 땅인데, 저들이 한없는 욕심을 부려 계속 요구한다면 모두 내주겠습니까? 땅을 떼어주는 일은 만세의 치욕이 될 것이니, 신들에게 먼저 그들과 싸워보게 한 뒤 다시 논의해도 늦지 않을 것입니다." (…) 서희가 국서를 받들고 소손녕의 진영에 가자 소손녕이 "내가 큰 조정의 귀인이니 마땅히 뜰에서 절을 해야 한다"라고 하였다. 이에 서희는 "신하가 군주에게 절하는 것은 예에 맞지만, 두 나라 대신이 서로 만나는 자리에서 어찌 그렇게

할 수 있겠는가?"라고 하였다. 소손녕이 허락하지 않자 서희
는 화를 내고 관사에 드러누운 채 일어나지 않았다. 마침내 소
손녕이 허락하여 뜰에서 서로 맞절하고 동서로 마주 앉았다.

_《고려사》〈열전 서희〉

거란이 압록강을 건너 북쪽에서 침공해오자, 고려 국왕 성
종은 남쪽으로 피신하지 않고 오히려 말 머리를 북쪽으로 돌
렸습니다. 이 점이 먼저 눈에 띕니다. 안북부는 청천강 바로
아래 위치한 국경도시인데요, 국왕이 이곳까지 직접 간 것은
단순히 33세 젊은 국왕의 만용이었을까요? 저는 이것이 전
쟁을 대하는 고려인의 기본자세라고 평가합니다. 고려는 전
쟁 중 협상에 능했지만, 그에 앞서 항상 최선을 다해 싸웠습
니다. 전투의 승리가 협상에서 우위를 점하는 가장 확실한
방법임을 알고 있었던 것이지요.

그러나 성종(제6대, 재위 981~997)의 의지에도 불구하고 고려
선봉군이 패배하자 더 이상 진군하지 못하고 서경으로 돌아
왔습니다. 이후 소손녕과 협상을 벌였는데, 소손녕은 고구려
의 옛 땅은 모두 거란 소유가 되어야 하지만 그 일부를 고려
가 차지하고 있으니 내놓으라고 요구합니다. 서경 이북, 즉
대동강 이북의 땅을 달라고 한 것이죠. 고구려 영토가 당나
라를 거쳐 거란으로 이어져야 한다는 논리를 편 셈입니다.

이에 고려는 대응책을 논의하는데, 거란의 요구를 받아들여 땅을 떼어주자는 사람이 다수였습니다. 그때 서희徐熙(942~998)가 반대하며 이렇게 묻습니다. "삼각산(지금의 서울 북한산) 이북도 고구려 땅이었는데, 그 역시 달라면 주겠습니까?" 결국 서희의 주장이 받아들여져 영토를 내주지 않기로 하고, 서희 자신이 소손녕과 담판을 벌입니다.

소손녕을 만난 서희는 의전 문제부터 기싸움을 벌였습니다. 소손녕이 자신에게 먼저 절할 것을 요구하자, 관사에 드러누워 일어나지 않고 강한 거부 의사를 나타냈지요. 결국 양측은 타협해 마당에서 서로 맞절하고, 동서 방향으로 마주 앉았습니다.

여기서 동서로 앉았다는 점도 중요합니다. 마주 앉더라도 남북 방향이면 북쪽이 상석이기 때문입니다. 따라서 동서로 마주 앉았다는 것은 고려가 기선을 제압당하지 않았음을 보여주는 상징적 장면이죠. 이처럼 외교는 아주 사소한 것조차 하나하나 세밀하게 따지는 데서 시작됩니다.

그런 다음 두 사람은 다음과 같은 대화를 주고받았습니다.

소손녕이 말하기를 "너희 나라는 옛 신라 땅에서 건국했고, 고구려의 옛 땅은 우리 것인데 어찌하여 너희가 침범하였는가? 또 우리와 국경을 접하고 있으면서 바다 건너 송에 사대하고 있기 때문에 이번에 정벌하러 온 것이다. 땅을 떼어 바치고 우리와 국교를 통한다면 무사할 것이다"라고 하였다. 서희가 대답하기를 "그렇지 않다. 우리가 바로 고구려의 후계자다. 그래서 나라 이름을 고려라 하고 평양을 국도로 정한 것이다. 영토를 가지고 말한다면, 너희 나라의 동경東京이 우리 땅이 되어야 하는데, 어떻게 우리가 침범했다고 말할 수 있는가? 또 압록강 안팎이 우리 땅인데, 지금 여진이 그 중간을 강점하고 길을 막아 바다를 건너기보다 어려우니 국교가 통하지 않는 것은 그 때문이다. 여진을 몰아내고 우리 옛 땅을 회복해서 길이 통하게 한다면, 어찌 국교를 열지 않겠는가?"라고 하였다. 소손녕이 그대로 아뢰자 거란 황제는 "고려가 화친을 청했으니 군대를 철수하라"고 하였다. _**《고려사》〈열전 서희〉**

소손녕의 요구는 두 가지였습니다. 하나는 고려가 차지하고 있는 고구려의 옛 영토를 내놓으라는 것이고, 또 하나는 송나라와 관계를 끊고 거란에 사대하라는 것이었습니다. 이에 서희는 단호히 반박합니다. 고려가 바로 고구려의 후계자이며, 따라서 거란이 차지하고 있는 고구려의 옛 영토를 오히려 고려에 돌려줘야 한다는 주장을 편 것이죠. 우리가 모두 알고 있는, '고려는 고구려를 계승한 나라'라는 인식을 이처럼 명확하게 표현한 사례는 아마도 이것이 거의 유일하지 않나 합니다. 그래서 할 말은 꼭 해야 하고, 그 말은 반드시 기록으로 남겨야 하는 법이지요.

또한 서희는 고려가 거란에 사대하지 못하는 것이 여진이 길을 막고 있기 때문이라며, 여진을 몰아내고 압록강까지 고려의 영토임을 인정한다면 거란에 사대하겠다는 뜻을 밝혔습니다. 이것은 고려로서도 중대한 결단이었습니다. 건국 이후 70년 넘게 유지해온 반거란 정책을 변경하겠다는 뜻이었으니까요. 동시에 이는 송과의 책봉-조공 관계를 폐기하겠다는 뜻이기도 했습니다.

훗날 조선에 청나라가 사대를 요구했을 때, "오랑캐에게 복종할 수는 없다"며 끝까지 싸운 끝에 병자호란의 참극을 겪은 걸 떠올리면, 당시 고려의 외교 정책이 얼마나 유연했는지를 새삼 느낍니다. 고려의 외교는 '옳고 그름'보다는 '전쟁을 피하고 국가를 지키는 것'에 초점을 맞추었습니다.

소손녕이 고려의 제안을 보고하자, 거란 황제는 이를 고려가 화친을 청한 것으로 받아들이고 철수 명령을 내렸습니다. 고려의 정책 변화를 즉각 읽어낸 것이죠. 거란으로서도 송과의 힘든 전쟁을 앞두고 있었기 때문에 굳이 고려와 장기전을 펼칠 이유가 없었을 겁니다. 고려와 송의 관계를 끊는 것만으로도 성공했다고 판단했을 가능성이 큽니다. 이는 외교 고수들 사이에서 이뤄낸 윈-윈 전략이었습니다. 외교의 핵심은 전쟁을 피하는 데 있다는 걸 보여준 사례입니다.

고려는 거란과의 전쟁을 피했을 뿐만 아니라, 북쪽으로 영토를 넓히는 성과를 거두었습니다. 전쟁 이전 고려의 북쪽 경계는 청천강이었는데, 이번 협상으로 압록강까지 올라가게 된 것이죠. 지금의 평안북도 지역을 이때 확보한 것입니다. 이 지역은 압록강의 동쪽이라는 의미에서 '강동江東'이라고 했는데, 고려가 영토로 편입한 뒤 흥화진, 용주, 철주, 통주, 곽주, 귀주 등 6개 주를 설치하면서 '강동 6주'라고 불리게 되었습니다.

물론 이곳은 빈 땅이 아니라 여진이 거주하던 지역이었지요. 그런데 고려와 거란의 합의로 고려 영토가 되자, 여진은 그 땅에서 쫓겨나거나 고려의 통치를 받게 되었습니다. 이는 두 나라 사이의 합의가 국제적으로 구속력을 가졌다는 뜻이며, 고려와 거란뿐만 아니라 여진까지 포함하는 하나의 국제 질서가 성립되어 있었음을 보여줍니다.

서희의 외교로 고려는 전쟁을 피하고 영토를 넓히는 일거양득의 성과를 거두었지만, 그에 따른 대가도 있었습니다. 바로 거란과 책봉-조공 관계를 맺게 된 것이지요. 거란군이 철수한 뒤, 고려는 994년 2월부터 거란의 연호를 사용하기 시작했고, 996년 3월에는 성종이 거란으로부터 책봉을 받았습니다. 이와 동시에 고려는 기존에 송과 맺은 책봉-조공 관계

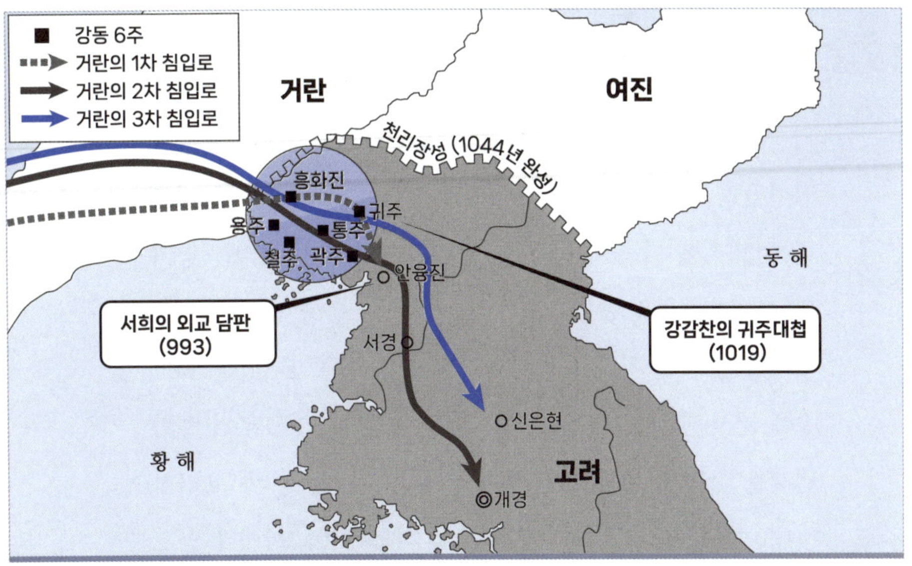

강동 6주

를 단절했습니다. 그런데 고려가 거란의 연호를 사용하고 불과 넉 달 뒤인 994년 6월 다음과 같은 일이 벌어졌습니다.

원욱元郁을 송에 보내 군대를 빌려주면 전해의 전쟁에 보복하겠다고 했다. 송은 북방 국경이 겨우 편안해졌는데 가벼이 움직이는 것이 마땅치 않다고 하여 단지 후한 예로 대접하고 돌려보냈다. 이로써 송과의 관계를 끊었다._《고려사》〈세가 성종〉

고려가 갑자기 송에 사신을 보내 군사 지원을 요청한 것입니다. 전해에 있었넌, 즉 소손녕의 침략에 맞서 싸웠던 전쟁에 대한 보복을 하겠다는 명분이었지요. 하지만 송은 거란과의 전쟁으로 이미 골머리를 앓고 있던 터라 고려의 요청을 받아들일 수 없었고, 고려 사신을 정중히 대접한 뒤 돌려보내는 것 외에 할 수 있는 일이 없었지요. 그러자 고려는 송과 외교 관계를 단절했습니다.

이 모든 것이 치밀하게 계획된 외교적 수순 아니었을까요? 송에 군사 지원을 요청하면 응할 수 없을 테고, 그로써 송과 관계를 끊는 명분을 얻는 방식입니다. 고려는 송에 "우리가 사대하지 않는 건 너희가 힘이 없기 때문이야. 사대를 받고 싶으면 그에 걸맞은 자격을 보여줘"라고 말한 셈이지요.

사실 거란과 새롭게 책봉-조공 관계를 맺는 것도 쉽지 않은 일이었지만, 기존의 관계를 끊는 일은 더욱 어려웠을 것입니다. 게다가 송과 거란의 대립은 끝나지 않은 상황이었고, 고려 역시 언젠가는 송과 관계를 회복할 수도 있기에 여지를 남겨두어야 했지요.

이처럼 거란의 침략에서 시작해 송과의 단교로 이어진 짧은 시기의 외교는 고려 입장에서는 대성공이었습니다. 하지만 송·거란 전쟁의 결과를 예측할 수 없었던 당시로서는 결코 쉬운 결정이 아니었습니다.

특히 고려 성종 시기의 분위기를 감안하면, 이는 더욱 어려운 결정이었습니다. 고려는 건국 초기부터 중국 문화를 적극 받아들이기 위해 친송 정책을 폈고, 성종은 중국 문화를 '화풍華風'이라 부르며 매우 중시했습니다. 성종은 송의 제도를 본떠 3성 6부와 추밀원을 만들었고, 《태묘당도太廟堂圖》(태묘의 건축 도면)와 《사직당도社稷堂圖》(사직당의 그림) 같은 서적을 들여와 태묘와 사직단 건설에 참고했습니다. 반면, 연등회나 팔관회 같은 토착 행사는 중단했지요. 이러한 화풍 정책의 이론적 기반에는 유학자 최승로가 있었지만, 실제로는 성종 자신이 누구보다 열렬한 화풍주의자였습니다.

하지만 성종의 적극적인 화풍 정책에 반대하는 목소리도 있었습니다. 이들은 고려의 전통문화를 지켜야 한다고 주장했고, 이를 화풍에 대응해 '국풍國風'이라고 불렀습니다. 국풍파는 대체로 개성 인근의 중소中小 호족 출신 관료들로 이천 출신의 서희, 시흥 출신 강감찬姜邯贊(948~1031) 등이 여기에 속했습니다. 화풍파와 국풍파의 의견 대립은 전쟁 중에도 표출되었습니다. 거란과 싸울지 말지를 논의하는 자리에서, 국풍파의 한 사람이던 이지백이라는 인물이 이렇게 말했습니다.

태조께서 창업하시고 자손에게 전하여 오늘에 이르렀는데 충신이 한 사람도 없이 국토를 경솔하게 적국에 내주고자 하니 통탄하지 않을 수 없습니다. (…) 선왕께서 설치하신 연등회·

팔관회·선랑仙郞 등의 행사를 다시 거행하고, 다른 나라의 이 상한 법을 본받지 말아서 국가를 보전하고 태평을 이루는 것이 어떠하겠습니까? _**《고려사》〈열전 서희〉**

여기서 말하는 '다른 나라의 이상한 법'이란 중국의 법, 곧 화풍을 가리킵니다. 그것을 본받지 말고 연등회나 팔관회 같 은 전통문화, 곧 국풍을 회복하는 것이 국가를 보전하는 길 이라고 주장한 것이지요. 그런데 전쟁을 할지 말지 급하게 논의하는 자리에서 왜 갑자기 국풍 회복 이야기가 나왔을까 요? 《고려사》 편찬자도 이 점이 궁금했던 모양입니다. 그래 서 해당 기사 뒤에 이렇게 해설을 덧붙였습니다.

당시 성종이 화풍을 따르는 것을 백성들이 좋아하지 않았기 때 문에, 이지백이 이 점을 언급한 것이다.

즉, 전쟁을 하려면 백성의 단합이 필요한데, 그러기 위해서 는 화풍 일변도의 정책을 멈추고 국풍을 회복해야 한다는 의 미로 해석됩니다. 외교에서도 화풍파는 당연히 친송-반거란 정책을 지지했겠지요. 화풍의 근원이 바로 송나라였기 때문 입니다. 반면, 국풍파는 송에 지나치게 치우치는 것을 경계하 고, 현실을 고려한 실리 외교를 주장했습니다. 국풍파의 이런 입장이 서희를 통해 실현되었다고 볼 수 있지요. 당시로서도 거란에 사대하는 것은 결코 쉬운 결정이 아니었지만, 국풍파의 강력한 주장 덕분에 전쟁을 피하기 위한 현실적 선택, 즉 사대 대상을 바꾸는 외교적 결단이 가능했던 것입니다.

전쟁과 외교의 균형, 고려가 평화를 지킨 방법

결국 고려는 거란과 책봉-조공 관계를 맺었고, 거란은 고려를 신경 쓰지 않으며 송과 마음 놓고 싸울 수 있었습니다. 송과 거란은 전쟁 끝에 1004년 '전연澶淵의 맹盟'을 맺었습니다. 전연이라는 곳에서 맺은 맹약이라는 뜻인데, 맹약은 대등한 국가 간 협정을 말합니다. 맹약 문서에는 거란을 '북조北朝', 송을 '남조南朝'로 기록해서 두 나라가 동등한 관계임을 드러냈습니다.

하지만 실제는 달랐습니다. 송이 연운 16주를 거란의 영토로 인정하고, 해마다 세폐 명목으로 비단 20만 필, 은 10만 냥을 거란에 바치기로 했습니다. 이것만 봐도 거란의 승리가 분명합니다. 다만 패배를 드러내고 싶지 않았던 송이 조공 대신 세폐라는 표현을 사용하고, 협정을 '맹'이라 부르며 대등한 관계가 아님을 감추려고 했던 것이지요. 반면, 거란은 연운 16주를 영토로 확정 짓고 실리를 취한 만큼 굳이 상하 관계를 드러내는 데 집착하지 않았을 뿐입니다.

이런 국제 질서의 변화 속에서 고려의 외교는 위기를 맞게 됩니다. 고려는 994년 거란과 책봉-조공 관계를 맺고 송과 단교했지만, 문화적·경제적 필요와 거란에 대한 불신 때문에 송과 비공식 교류를 이어갔습니다. 그러던 중 1003년 돌연 송에 사신을 보내 거란 공격을 위한 군사 지원을 요청했습니다. 당시 송과 거란 사이엔 전운이 고조되고 있었는데, 고려는 송이 승리할 거라고 판단한 것 같습니다. 그러나 결과는 거란의 승리였고, 이에 고려는 1005년 거란에 사신을 보내 맹약 체결, 즉 거란의 승리를 축하했습니다. 앞날을 알지 못하는 외교에서 이런 갈팡질팡하는 행보는 언제든 있을 수 있는 일이기도 합니다.

거란은 당연히 고려를 의심했습니다. 고려가 송에 접근하고 있다거나, 송과 여진까지 끌어들여 거란에 맞서려 한다는 의심이었죠. 마침 송과의 전선이 안정된 상황이라 고려를 공격할 여유도 생겼습니다. 하지만 당시에는 사대자소, 즉 작은 나라가 큰 나라를 섬기고 큰 나라는 작은 나라를 보살핀다는 명분에 따라 책봉-조공 관계를 유지했기 때문에 책봉국이 함부로 전쟁을 일으킬 수는 없었습니다. 거란에는 명분이 필요했죠. 그런데 마침 1009년(목종 12) 고려에서 강조康兆

(?~1010)가 정변을 일으켜 목종(제7대, 재위 997~1009)을 폐위하는 일이 벌어진 겁니다. 거란 입장에서는 자신들이 책봉한 고려 국왕이 폐위된 것이므로 전쟁을 일으킬 정당한 이유가 생긴 셈입니다.

1010년(현종 1) 11월, 거란 황제 성종이 직접 군대를 이끌고 2차 침략을 감행했습니다. 이때 거란군 병력은 보병과 기병을 합쳐 40만 명이라고 기록되어 있지만, 다소 과장된 수치일 가능성이 큽니다. 고려에서는 최고 실력자인 강조가 직접 군사를 이끌고 통주에서 거란군과 맞서 싸웠습니다. 고려군도 30만 명이라고 기록되어 있는데, 이 역시 실제 병력과는 차이가 있을 겁니다.

어쨌든 이 전투에서 고려군이 패하고, 강조는 포로로 잡혀 죽음을 맞이했습니다. 거란군은 통주에서 승리한 뒤 서경을 거쳐 개경으로 진격했고, 이에 고려 현종(제8대, 재위 1009~1031)은 개경을 버리고 나주로 피난길에 올랐습니다. 함락된 개경은 큰 피해를 입었지요. 그러나 1011년 1월 11일, 거란군이 돌연 철수를 발표했습니다. 현종이 피란 도중 사신을 보내 협상을 벌인 결과였습니다.

거란과의 협상을 위해 하공진河拱辰이 파견되었습니다. 당시 하공진과 거란 황제의 대화 일부가 전해지는데, 내용은 다음과 같습니다. 거란 황제가 하공진에게 "너희 왕은 어디로 갔느냐?" 하고 묻자, 하공진이 대답합니다. "지금 강남으로 내려가셨는데, 계신 곳은 알지 못합니다." 거란 황제가 다시 "강남은 먼가, 가까운가?"라고 묻자, 하공진이 대답합니다. "강남은 너무 멀어서 몇만 리인지 알 수 없습니다." 아마도 거란은 고려의 지리를 잘 알지 못했던 듯합니다. 이 대화 이후 거란군은 철수를 시작했습니다. 조금 허술한 전개처럼 보이지만, 이후의 정황을 종합해보면 거란군이 철수한 데에는 고려 국왕의 친조親朝 약속이 있었던 것 같습니다.

'친조'란 국왕이 직접 조회하러 가는 것을 말합니다. 고려 현종이 거란에 친조하겠다는 조건으로 거란군이 철수한 셈이죠. 하지만 거란군이 철수하자 고려군은 이내 반격을 개시했습니다. 1월 17일에 귀주에서 거란군 1만 명을 베었다는 기록이 있습니다. 또 양규楊規(?~1011)는 거란군을 계속 추격하며 일곱 차례 전투를 벌여 수천 명을 죽이고, 포로로 잡혀가던 백성 3만 명을 구출해냈습니다. 이걸 보면 거란도 상황이 좋지 않았던 듯합니다. 장기전을 벌일 경우 식량 보급 등에 어려움이 있을 뿐 아니라, 황제가 고려 땅에 갇힐 우려도 있었지요.

또 하나 주목할 점은 당시의 전쟁 목적이 상대국을 무너뜨리는 것이 아니라, 관계를 재정립하는 데 있었다는 것입니다. 거란이 내세운 명분은 강조의 반란을 토벌하는 것이었죠. 그런데 강조는 이미 죽었고 국왕의 친조 약속까지 받았으니 더 이상 전쟁을 계속할 명분이 없었던 것입니다.

결국 거란의 2차 침략은 이렇게 마무리되었는데, 고려가 약속했던 친조를 이행하지 않았습니다. 거란이 친조를 재촉했지만 고려가 응하지 않자, 이번에는 강동 6주를 내놓으라고 요구합니다. 하지만 고려는 이것도 거부했지요.

그러자 1014년부터 거란군이 다시 침략을 개시했고, 강동 6주 일대에서 소규모 전투가 계속 벌어졌습니다. 고려는 송에 사신을 보내 예전처럼 귀부歸附하고 싶다는 뜻을 전했는데, 이는 곧 책봉-조공 관계를 회복하자는 요청이었습니다. 그리고 1016년에는 송의 연호를 사용하기 시작했습니다. 거란과의 관계를 사실상 끊은 것이죠. 그러나 이번에는 송이 고려의 제안을 거절했어요. 거란과 맞서 싸울 자신이 없었던 것입니다. 결국 고려는 아무런 지원 없이 홀로 거란과 싸워야 하는 상황에 놓였습니다.

1018년 12월, 거란의 3차 침략이 시작되었습니다. 소배압이 이끄는 10만 군대가 쳐들어왔고, 이에 맞선 고려군의 지휘관은 강감찬이었습니다. 강감찬은 안주에 주둔하고 있으면서 선발대를 강동 6주 중 하나인 흥화진에보내 거란군에 첫 승리를 거두었고, 이후 거란군이 개경을 향해 내려오자 별동대를 보내 개경을 구원하게 했습니다. 거란군은 개경 근처까지 접근했지만 결국 후퇴하게 되었는데, 이때는 강감찬이 귀주에 진을 치고 후퇴하는 거란군을 막아 싸웠습니다. 여기서 대승을 거두었고, 이것이 1019년 2월 1일에 있었던 귀주대첩입니다. 당시 살아서 돌아간 거란군이 고작 수천 명에 불과했다는 기록이 남아 있을 만큼 고려는 대승을 거두었습니다.

그런데 이렇게 큰 승리를 거둔 이듬해인 1020년 2월, 고려는 거란에 사신을 보냈습니다.

> 이달에 이작인을 보내 표문表文을 받들고 거란에 가서 번국藩國을 칭하고 공물貢物 바치기를 예전처럼 하기를 요청하였다.
>
> _《고려사》〈세가 현종〉

여기서 '표문(외교문서)' '번국(제후의 나라)' '공물'은 모두 책봉을 받은 나라에서 쓰는 말이죠. 즉, 전쟁에서 이긴 고려가 책봉-조공 관계의 회복을 먼저 요청했다는 겁니다. 예상 밖의 이 행동은 고려 외교사에서 매우 빛나는 장면이라고 할 수 있습니다. 만일 그렇게 하지 않았다면, 거란의 침략이 계속 이어졌을 겁니다. 그러면 고려는 계속 싸워야 했겠죠. 과거 당나라와 오랫동안 싸운 고구려가 결국 국력을 소모해 멸망했던 전철을 밟을 수도 있었습니다. 전쟁은 이겨도 상처를 남기는 법이니까요. 고려는 그 점을 우려했던 것입니다.

결국 고려가 먼저 요청하고 거란이 받아들이는 형식으로 두 나라는 책봉-조공 관계를 회복했습니다. 고려가 거란의 체면을 세워주면서 전쟁을 막은 것이죠. 1022년(현종 13)에는 거란이 고려 국왕을 다시 책봉하고, 고려는 송의 연호 대신 거란 연호를 사용합니다. 그로부터 1125년 거란이 멸망할 때까지 103년 동안 두 나라의 책봉-조공 관계는 유지되었고, 다시는 전쟁이 일어나지 않았습니다.

이때 고려는 전쟁에서 승리한 터라 유리한 입장에서 협상을 벌일 수 있었습니다. 전쟁은 '외교에서 유리한 위치를 선점하기 위한 것'이라고 할 수 있죠. 어떤 전쟁도 그냥 전쟁으로 끝나지 않고 반드시 협상을 거칩니다. 전쟁은 언제나 외교로 종식됩니다. 고려는 이 유리한 위치를 활용해 송과의 관계도 조절했습니다. 거란과 책봉-조공 관계를 회복한 뒤에는 송에 사신을 보내지 않았지만, 상인들을 통해 문서를 계속 주고받았죠. 송 역시 필요한 일이 있을 때마다 상인을 통해 문서를 보내왔습니다. 이처럼 송과 고려 사이에는 비공식 외교와 경제·문화 교류가 꾸준히 이어졌습니다.

때때로 송이 책봉-조공 관계의 재개를 요구하거나 함께 거란을 공격하자고 제안했지만, 고려는 모두 거절했습니다. 거란과 우호를 맺는 것이 나라를 지키는 상책이라고 판단했기 때문입니다. 그럼에도 송은 고려를 쉽게 버릴 수 없었습니다. 고려와의 관계가 끊기는 순간, 거란의 압박이 더 거세질 것이 뻔했기 때문입니다. 그 아슬아슬한 균형 속에서 고려는 저울추 같은 역할을 해냈습니다.

여기서 중요한 점은 거란이 고려와 송의 교류를 알면서도 묵인했다는 사실입니다. 결국 거란·고려·송 사이에 일정한 타협이 이뤄졌고, 덕분에 11세기 동아시아에는 큰 전쟁 없이 평화가 유지되었습니다. 무려 100년간의 평화였지요. 세계사적으로도 100년 평화는 매우 드문 일입니다. 그 평화의 핵심은 고려가 스스로 거란과의 책봉-조공 관계를 수용한 데 있습니다.

고려는 자국의 힘을 과대평가하지도, 과소평가하지도 않았습니다. 만약 과대평가했다면 거란과 계속 싸웠을 테고, 과소평가했다면 송과 관계를 단절하고 거란과는 상하 관계를 맺었겠지요. 고려는 자기 힘을 정확히 판단했습니다. 아울러 그 상황에서 얻을 수 있는 실리를 명확히 알고, 그것을 확보해 나갔다고 할 수 있습니다.

2 │ 황제국을 꿈꾸다

두 얼굴의 군주, 다원적 천하관 속 고려

고려가 '황제국'이라는 말은 고려 왕을 황제로 칭했다는 뜻입니다. 물론 우리말로는 '임금'이라고 불렀겠지만, 한자로 표기할 때는 국왕이 아니라 황제로 썼다는 것이지요. 국왕이라면 '전하'이겠지만 고려에서는 '폐하'라 불렀고, 왕명도 '교敎'가 아닌 '조詔' 또는 '칙勅'이라고 했습니다. 중앙정부에 성省과 부部를 설치한 것도 중국 황제와 동등한 제도를 갖추었다는 표현이고, 오직 천자만 할 수 있는 원구제圓丘祭, 즉 하늘에 올리는 제사도 시행했습니다.

고려가 황제국을 칭했다는 직접적 사료는 많지 않습니다.

애초에 《고려사》의 자료가 적은 데다 그것조차 조선의 시각에서 편찬했기 때문입니다. 이 과정에서 황제국을 드러내는 표현은 대부분 삭제 또는 수정했을 가능성이 큽니다.

그럼에도 우연히 발견되는 자료가 있습니다. 예를 들어 《제왕운기帝王韻紀》는 1287년(충렬왕 13) 이승휴李承休(1224~1300)가 지은 역사서인데, 상권은 중국사, 하권은 우리나라 역사를 다루고 있습니다. 그런데 상권에서 금나라 역사가 시작되는 대목을 보면 흥미로운 표현이 나옵니다.

> 금金 태조는 이름이 민旻이고 성은 완안完顔인데
> 요군遼軍을 무너뜨리고 처음으로 뜻을 이루었네.
> 우리를 조상 나라라 일컫고 형제를 맺어 사신을 통하였네.

금 태조가 나라를 세웠을 때 금나라 사람들이 고려를 '조상의 나라'라고 부르며 형제 관계를 맺었다는 내용입니다. 이 문장 끝에 이승휴는 작은 글씨로 다음과 같은 주석을 붙였습니다.

> 신이 일찍이 식목도감式目都監의 집사執事가 되어 도감의 문서를 보다가 우연히 금나라에서 보내온 조서 두 통을 얻었는데, 그 서문에 모두 "대금국황제기서우고려국황제 운운大金國皇帝

寄書于高麗國皇帝云云”이라고 하였으니 이것이 형제를 맺은 증거입니다.

금나라에서 고려에 보낸 두 통의 조서에 모두 “대금국 황제가 고려국 황제에게 글을 보낸다”라고 적혀 있었다는 것입니다. 이를 근거로 이승휴는 고려와 금이 군신 관계가 아니라 형제국이라고 했습니다. 금나라가 공식 문서에서 ‘고려국 황제’라고 표기한 것은 고려가 황제국이었음을 보여주는 확실한 근거라고 할 수 있습니다. 이외에도 고려가 황제국이었음을 입증하는 자료는 더 있습니다.

지금 북한에는 태조 왕건의 청동상이 남아 있습니다. 1992년 태조의 능인 현릉에서 공사를 하던 중 발견되었는데, 태조 사후 26년 뒤인 951년(광종 2)에 제작된 것으로 알려져 있습니다. 그런데 이 청동상에서 태조가 쓰고 있는 관冠은 중국 황제들이 쓰던 통천관通天冠입니다. 태조의 동상에 황제의 관을 씌운 것은 당시 사람들이 고려를 스스로 황제국으로 인식하고 있었음을 분명히 보여줍니다. 반면, 조선의 국왕들은 이 관을 쓰지 못했습니다. 고종이 1897년 대한제국을 선포한 이후에야 통천관을 착용했죠.

고려 국왕을 ‘천자’라고 표현한 유물이 또 하나 있습니다. 1133년에 만든 숙종(제15대, 재위 1095~1105)의 딸 복녕궁주의

태조 왕건 청동상 | 개성시 현릉 주변에서 1992년 발견된 것으로, 중국 황제들이 사용하던 통천관을 쓰고 있다. 이는 당시 사람들이 고려를 스스로 황제국으로 인식하고 있었음을 보여준다.
노명호 서울대학교 명예교수 제공.

묘지석인데, 공주를 가리켜 "천자의 따님이시여天子之女兮"라고 적혀 있습니다. 또한《고려사》〈악지樂志〉에 실린 '풍입송風入松'이라는 노래에도 "해동 천자海東天子이신 지금 황제에 이르러 부처와 하늘이 도우시니, 교화가 널리 퍼져 세상이 다스려지도다"라는 구절이 나옵니다. 해동 천자는 당연히 고려 국왕을 가리키는 말이지요. 해동 천자가 있다면 해동 천하도 있었을 것입니다. 해동 천자가 통치하는 천하 말입니다. 그렇다면 중국 황제는 중원 천자로, 중국은 중원 천하로 인

복녕궁주 묘지명 | 고려 숙종의 넷째 딸인 복녕궁주 왕씨福寧宮主 王氏(1095~1132)의 묘지명이다. 묘지명 맨 왼쪽에서 두 번째 줄 첫머리에 "천자지녀혜天子之女兮", 즉 "천자의 따님이시여"라는 문장이 있다.
국립중앙박물관 소장.

식되었겠지요. 이는 고려 사람들이 세계가 여러 개의 천하로 이루어져 있다고 여기는, 이른바 '다원적 천하관'을 가지고 있었음을 보여줍니다. 조선 사람들은 그런 사고를 하지 못했습니다. 중국 중심의 일원적 천하관을 지녔지요. 고려와 조선의 세계관은 이처럼 서로 달랐습니다.

그런데 황제국이 되려면 한 가지 조건을 더 충족해야 합니다. 바로 고려를 황제국으로 인정해주는 나라, 즉 제후국이 있어야 합니다. 제후국 없이 홀로 존재하는 황제국은 없으니까요. 고려 사람들은 스스로 황제국임을 인정받기 위해 제후국을 찾아냈는데, 그게 바로 여진입니다.

여진은 이전에는 '숙신' 또는 '말갈'이라고 불렸습니다. 말갈은 고구려 유민과 함께 발해를 건국했지만, 발해 멸망 뒤에는 별도의 국가를 이루지 못한 채 부족 단위로 흩어져 살고 있었지요. 이때 '주르첸'이라는 이름을 사용했는데, 이를 한자로 표기한 것이 바로 여진女眞입니다. 거란 인근에 거주한 여진은 거란의 지배를 받았고, 압록강 유역이나 함경도 지역의 여진은 고려에 의지해 살아갔습니다. 농사와 유목을 함께 하던 이들에게 가장 필요한 것은 농기구였고, 이를 구하려면 고려와 무역을 해야 했습니다. 그런데 당시에는 누구나 무역할 수 있는 시대가 아니었기 때문에 이들은 고려에 귀부하려 했습니다.

고려는 국경 근처 여진 거주지에 '기미주羈縻州'를 설치했습니다. 기미주란 고려의 직접 영토로 편입하지는 않되 여진 부족장을 지방관처럼 대우해 고려의 영향력이 미치도록 한 제도입니다. 이렇게 설정된 고려와 기미주의 상하 관계를 황제와 제후의 관계처럼 만든 것이지요.

기미주로 포괄하지 못하는, 좀 더 밀리 떨어져 있는 여진은 '화내化內'라고 해서 고려가 교화할 수 있는 범위 안으로 분류했습니다. 그리고 기미주와 화내의 여진을 지역에 따라 동번東蕃과 서번西蕃으로 불렀지요. 동번은 함경도 지역, 서번은 압록강 유역의 여진을 가리킵니다. 여기서 번蕃은 황제 중심의 세계 질서에 참여하는 제후국을 뜻합니다. 고려가 여진을 동번과 서번이라 부르며 제후국으로 간주하고, 스스로 황제국을 자처한 것이지요.

동·서번을 구성하는 여진 족장에게는 마치 책봉하듯 무산계武散階를 수여했습니다. 본래 무산계는 무신에게 주는 관계官階(벼슬의 등급)였지만, 고려는 문무 관리 모두에게 문산계文散階를 주고 무산계는 별도 용도로 사용했습니다. 또한 주기朱記라는 인장도 하사하고, 여진이 무역을 위해 가져온 토산품은 조공으로 간주했습니다. 이렇게 여진과의 관계를 책봉-조공 관계로 만든 것이지요.

또 하나, 탐라국耽羅國이 있습니다. 고려 초인 938년(태조 21)에 "탐라국 태자 말로末老가 내조하므로 성주왕자星主王子의 작위를 내렸다"라는 기록이 있습니다. 당시 제주는 고려 영토가 아닌 탐라국이었고, 그곳 태자가 온 것을 조회로 간주해 작위를 수여한 것입니다. 철리국鐵利國도 있었는데, 본래 발해의 한 부府인 철리부였으나 발해 멸망 이후 독립해 철리국이라 불렀습니다. 고려는 철리국 사람들이 귀부를 요청하거나 조공했다는 기록도 남겼습니다.

이처럼 여진·탐라·철리국 등을 이용해 고려는 황제국의

모든 요소를 갖추고, 중원 천하와 구별되는 독자적인 해동 천하를 완성했습니다.

그런데 한 가지 간과해선 안 되는 중요한 사실이 있습니다. 고려가 황제국의 격식을 갖추고 국왕이 천자를 자처했지만, 동시에 중국 왕조의 책봉을 받았다는 점입니다. 건국 이후 몽골의 등장으로 다원적 천하관이 무너지기 전까지 23명의 고려 국왕 가운데 책봉 사실이 확인되지 않는 이는 단 4명뿐입니다. 제3대 정종, 제9대 덕종, 제12대 순종, 제23대 고종이 그들입니다. 실제로 책봉을 받지 않았는지, 아니면 받았는데 기록이 없는 것인지는 단정하기 어렵습니다. 하지만 중요한 것은 나머지 19명의 국왕이 모두 책봉을 받았다는 사실입니다.

책봉받을 때의 왕호는 언제나 고려 국왕이었습니다. 이는 고려 국왕이 해동 천하에서 황제를 자처하면서도 중국이나 거란 황제로부터는 국왕 자격으로 책봉을 받은 이중적 모습을 보여줍니다. 이런 상태를 '외왕내제外王內帝'라고 할 수 있습니다.

고려의 외왕내제를 겉과 속이 다른 처신이라고 비판할 일은 아닙니다. 오히려 국내에서는 황제국을 자처해 국가의 위신을 높이고, 대외적으로는 동아시아의 보편 질서를 받아들임으로써 평화를 유지하는 유연한 외교 전략으로 평가할 수 있습니다.

다원 질서에서 황제를 꿈꾼 나라들

10~11세기 동아시아에는 고려, 거란, 송, 하, 베트남, 일본 등 여러 나라가 존재했습니다. 이 가운데 먼저 하夏에 대해 살펴보겠습니다. 하는 탕구트족이 세운 나라입니다.

탕구트족은 내몽골, 즉 중국 서북쪽 지역에 살던 부족입니다. 당나라의 지배를 받다가 당 말기에 당의 통제에서 벗어났고, 이후 세력을 키워 송나라와 맞설 정도로 성장했습니다. 이때 탕구트족은 송과 싸울지 칭신稱臣(신하임을 자처하고 군신 관계를 맺는 것)할지를 두고 고민하다가 986년 거란에 칭신하고 조공을 바치기로 결정했습니다. 거란과 상하 관계를 맺고 송과 계속 대립하려 한 것이죠. 987년 거란은 탕구트의 부족장 이계천을 절도사로 임명했습니다. 절도사는 독립적인 지방 세력을 일컫는 말이므로 사실상 책봉과 같았습니다.

그러나 1004년 거란과 '전연의 맹'을 맺은 송나라는 탕구트족과 계속 충돌하는 것이 부담스러웠는지 새로운 제안을 했습니다. 당시 탕구트의 부족장 이덕명을 서평왕西平王에 책봉하고 세폐를 지급하겠다고 한 것이죠. 탕구트 쪽에서는 싸울 필요 없이 해마다 세폐를 받게 됐으니 거부할 이유가 없었습니다. 그런데 그걸 본 거란이 이덕명을 하국왕夏國王에 책봉했습니다. 탕구트는 이렇게 송과 거란 양쪽에서 책봉을 받고, 이중의 군신 관계를 맺었습니다. 거란과 송의 대립을 이용해 실리를 얻은 것이죠.

하지만 탕구트는 거기서 멈추지 않았습니다. 1038년 이원호가 나라를 세우고 국호를 '대하'라 정했습니다.* 동시에 송에는 군신 관계를 폐기하고 대등한 관계를 요구했죠. 송이 이를 거절하면서 양측은 6년 동안 전쟁을 벌였고, 1044년에 평화 협정을 맺었습니다. 하가 송과의 군신 관계를 그대로 인정하고 책봉을 받아들인다는 내용이었습니다. 이렇게 보면 송이 승리한 것 같지만, 실제로는 송이 하에 보내는 세폐가 기존보다 세 배가량 늘어났습니다. 결국 송이 돈을 주고 황제국의 체면을 유지한 것이죠.

하는 황제를 자칭했고, 독자 연호도 사용했습니다. 또한 송에 국서를 보내면서 자국을 신하로 칭하지 않았습니다. 이 때문에 송 조정에서 논란이 일었고, 당시 송의 재상 부필富弼 (1004~1083)은 다음과 같이 말했습니다.

* 탕구트는 티베트 계통의 부족으로 한문으로는 당항黨項이라고 한다. 당나라 말기에 중국 서북쪽 지방에서 세력을 확장했으며, 1038년 이원호가 황제를 칭하고 나라 이름을 '대하大夏'라고 하였다. 그러나 송에서 그 이름을 거부하고 서쪽에 있다는 이유로 '서하西夏'라고 불렀다. 이 책에서는 본래 이름인 '대하' 또는 '하'로 표기하였다.

거란은 원호를 신하로 삼았는데 우리가 그를 신하로 삼지 못한다면 거란이 천하의 무적이 될 것입니다. 허락해서는 안 됩니다.

_《삼조명신언행록三朝名臣言行錄》

부필의 말에서 중요한 점은 송과 하의 관계가 아니라, 송과 거란의 관계입니다. 거란은 하를 신하로 삼았는데, 만약 송이 하와 대등한 관계를 맺는다면 송은 결과적으로 거란보다 아래에 놓이게 됩니다. "거란이 천하의 무적이 된다"는 것은 바로 이런 의미죠. 결국 송은 하의 요구를 거부하고 신하로 삼았는데, 이는 거란과의 위계질서를 고려한 선택이었습니다. 싸워서 이긴 것도 아니고 세폐, 즉 돈을 주고 얻어낸 상하 관계였습니다.

이처럼 송의 외교는 단일 국가를 상대한 것이 아니라 동아시아의 질서, 즉 그들이 생각하는 천하 질서를 놓고 전체 그림을 그려가며 진행됐습니다. 하와의 관계를 정리하면서 동시에 거란과 대등한 위치를 지키기 위해 신중하게 움직였던 것이죠.

또 한 가지 재미있는 일이 있습니다. 이 과정을 지켜보던 거란이 송과 하의 상하 관계를 인정하는 대가로 송에 세폐 증액을 요구했습니다. 송이 이를 수락함으로써 하와 상하 관계, 거란과 대등 관계를 유지했고, 거란은 그 대가로 경제적 이익을 얻은 것입니다.

다음으로 베트남을 살펴보겠습니다. 베트남의 역사를 들여다보면, 중국이라는 강대국과 국경을 맞대고 있으면서도 다른 주변국보다 더 우월한 위치를 확보했다는 점에서 우리와 매우 유사하다는 걸 알 수 있습니다.

기원전 108년에 고조선이 한 무제의 침략을 받아 멸망했는데, 이보다 3년 앞선 기원전 111년에 지금의 베트남에 있던 남비엣도 한 무제에게 똑같은 일을 당했습니다. 한국사에서는 이후 부여·고구려 등이 차례로 건국되어 한사군을 몰아냈지만, 베트남은 무려 1,000년이 지난 939년에 이르러서야 응오 왕조가 중국의 영향에서 벗어나 독립을 했습니다. 이 왕조는 오대십국 중 하나였던 남한과 싸워 승리했는데, 이때 남한은 평화를 모색하며 응오 왕조의 국왕 응오꾸옌에게 절도사 직위를 내려주는 조건으로 전쟁을 그만두었습니다. 두 나라가 상하 관계를 맺어 평화를 유지한 것이죠.

968년 응오 왕조가 멸망하고 들어선 딘丁 왕조는 국호를 다이꼬비엣大瞿越으로 바꾸고, 타이빈太平이라는 독자 연호를 사용했습니다. 베트남이 칭제건원까지 했지만, 남한은 여전히 절도사로 임명하려 들었죠. 이를 정면으로 거부하면 다시 전쟁이 일어날 수 있기 때문에 딘 왕조의 초대 군주 딘보린丁部領은 아들을 대신 보내 절도사 임명을 받게 했습니다. 황제가 아닌 그 아들이 절도사 임명을 받아서 형식상 상하 관계를 피한 것이지요. 베트남의 슬기로운 외교 전략을 엿볼 수 있는 대목입니다.

이후 오대십국을 통일한 송나라는 저간의 사정을 잘 알고 있었으므로, 972년 딘 왕조의 왕을 '교지군왕交趾郡王'에 책봉했습니다. 여기서 중요한 점은 국왕이 아니라 '군왕'이라는 사실인데, 이는 양측이 책봉을 두고 줄다리기를 하다가 송이 한 등급 낮은 군왕으로 책봉한 것이었습니다.

그러다 980년 딘 왕조가 멸망하고 레黎 왕조로 교체되는 혼란의 와중에 송이 베트남을 공격했다가 오히려 대패하는 일이 벌어졌습니다. 당시 송은 북쪽에서 거란과 싸우느라 베트남과의 전쟁에 전념할 여유가 없었습니다. 결국 993년 송이 레 왕조의 국왕 레호안黎桓을 교지군왕에 책봉하며 평화를 회복하고, 이후부터는 일정한 책봉 관례가 형성되었습니다. 처음에는 교지군왕에 책봉하고, 뒤에 남평왕南平王으로 격상한 뒤, 사망하면 남월왕南越王으로 추존하는 방식이었습니다. 이 관행은 1009년 리李 왕조가 성립할 때까지 계속되었습니다.

이후로도 베트남 황제들은 계속 송의 책봉을 받았으나, 국내에서는 칭제건원을 지속했습니다. 이런 점만 놓고 비교해도 하와 베트남은 고려보다 좀 더 적극적인 태도를 견지했다고 할 수 있습니다.

그렇다면 일본은 어땠을까요? 일본은 처음부터 '천황'을 고수했습니다. 한 번도 그 칭호를 버린 적이 없죠. 섬나라라는 지리적 이점 덕분에 독자적인 세계 질서를 유지할 수 있었던 것입니다.

10~11세기에는 동아시아의 큰 나라뿐 아니라 작은 나라들도 황제나 천자 칭호를 사용했습니다. 혹시 '호탄'이라는 나라 이름을 들어보신 적 있나요? 우리 역사책에는 잘 나오지 않지만, 중앙아시아 타림분지 남쪽, 즉 둔황에서 티베트고원 경계에 걸쳐 있던 나라입니다. 한자로는 우전于闐이라 썼고, 한나라가 실크로드를 개척하던 때부터 존재한 오랜 역사를 가진 나라였지요.

10세기에 둔황은 장씨張氏 일가가 지배하고 있었고, 이들은 호탄과 혼인 관계를 맺었습니다. 그 영향으로 돈황석굴에는 호탄의 흔적이 남아 있는데, 제98굴 동벽 남측에 있는 벽화 〈우전왕 이성천 공양도于闐王李聖天供養圖〉입니다. 이 그림은 호탄 국왕 이성천이 부처님께 공양하는 장면을 그린 것인데, 한쪽에 "대조대보 우전국 대성대명천자大朝大寶于闐國大聖大明天子"라는 문구가 눈에 띕니다. 중앙아시아의 작은 나라조차 국왕을 천자라 칭했을 만큼 이 시기에는 그 표현이 널리 쓰였던 것입니다.

우전국왕 이성천 공양도 | 돈황석굴의 제98굴 동벽 남측에 남아 있는 벽화이다. 그림에 '대성대명천자'라는 글이 있는데 중앙아시아의 작은 나라 호탄조차 천자를 칭했음을 보여준다.

천하관天下觀이란 세상이 어떻게 구성되어 있으며, 그 속에서 자기 나라의 위상은 어떠한지 인식하는 것을 말합니다. 간단히 말하면, 국제 질서에 대한 인식을 의미하지요. 천하관은 근대 이전과 이후가 매우 다릅니다. 근대 이후에는 천하의 범위가 전 지구로 확대됩니다. 하지만 전근대에는 훨씬 좁았죠. '중국' '동국' '서역' 등의 단어 속에는 당시 사람들이 인식한 천하의 범위가 엿보입니다. 가운데 중국이 있고, 양옆에 동국과 서역이 있지요. 이게 전부였습니다.

그렇다면 전근대의 천하관에는 어떤 것이 있었을까요? 먼저, 중국 중심의 일원적 천하관이 있습니다. 이를 화이관華夷觀이라고 하는데, 조선 시대 사람들은 이를 당연하게 받아들였습니다. 한가운데 중화中華가 있고, 그 바깥은 모두 오랑캐夷라고 여기는 것이죠. 그렇다면 조선은 어디쯤 위치하는 걸까요? 조선 사람들은 자신들이 중화는 아니지만 오랑캐도 아닌, 중화에 버금가는 '소중화小中華'라는 개념을 새로 만들어냈습니다.

한편, 우리 중심의 일원적 천하관도 있었습니다. 세계는 하나의 천하로 구성되어 있고, 그 중심은 중국이 아니라 우리라는 것입니다. 예를 들어 묘청妙淸(?~1135)은 "서경으로 천도

하면 금나라가 재물을 가지고 와서 항복하고, 36국이 모두 신하가 될 것이다"라고 말했습니다. 고려가 천하의 중심이라는 인식을 반영한 것이지요.

이상은 모두 천하가 하나만 존재한다는 일원적 천하관입니다. 그런데 고려 전기에는 천하가 하나가 아니라 여럿이라는 다원적 천하관이 널리 퍼져 있었습니다. 예를 들어 해동 천하, 중원 천하 등이 있고, 나아가 일본 천하, 베트남 천하도 존재할 수 있는 것이죠. 이러한 다원적 천하관은 다원적 세계 질서가 존재하는 현실 속에서 성립할 수 있었습니다. 따라서 고려뿐 아니라 하, 베트남, 일본 등도 각자 자국 중심의 다원적 천하관을 가지고 있었을 것입니다.

10~11세기 동아시아에 다원적 천하관이 널리 퍼진 데에는 거란의 태도가 중요하게 작용했습니다. 당시 동아시아에서 가장 강력했던 거란이 자국 중심의 국제 질서를 강요하지 않았던 것이지요. 거란이 이런 정책을 취하지 않았다면, 송은 물론 하·베트남·고려·일본 등에서 독자적인 천하관을 내세우고 황제를 자칭하기란 어려웠을 것입니다. 거란은 화이관에 연연하지 않고 실리를 추구했고, 그 바람에 주변 국가들도 다원적 천하관을 유지할 수 있었던 겁니다.

그렇다면 고려 전기까지 널리 받아들여진 다원적 천하관은 언제, 왜 바뀌었을까요? 몽골제국의 등장으로 동아시아의 다원적 질서가 무너지고 일원적 질서로 재편되면서 다원적 천하관을 유지하기 어려워졌습니다. 이후 몽골제국이 멸망하고 중국에 명이 들어서면서 일원적 천하 질서는 더욱 공고해졌죠. 다원적 천하관이 다시 살아나기 어려운 환경이 된 것입니다.

게다가 조선은 스스로 충실한 제후국임을 자처했을 뿐만 아니라 내면화하기까지 했습니다. 힘이 없어서가 아닙니다. 설령 힘이 있더라도 그렇게 하면 안 된다고 생각했습니다. 현실이 생각을 지배한 것이 아니라 생각이 현실을 규정한 셈인데, 그 중심에 성리학이 있었습니다.

조선은 성리학의 가르침을 실천하려 한 나라였습니다. 성리학의 이상에 따라 명분 없는 일은 하지 않았고, 천자와 제후의 구별을 마땅한 도리로 여겼습니다. "우리는 절대로 천자 흉내를 내면 안 된다!"며 한족 중심의 화이관을 그대로 받아들인 것입니다. 여기에는 임진왜란 이후 명에 대한 의리도 영향을 주었습니다.

조선 500년 동안 중국은 단 한 번도 분열되지 않았습니다. 중국 역사상 가장 안정적인 통일국가가 유지된 시기였지요. 명과 청이 잇달아 동아시아의 중심에 자리를 잡으면서 일원적 국제 질서는 더욱 굳어졌습니다. 그 주변에서 황제국을 자칭하는 일은 누구도 감히 상상할 수 없었고, 조선 역시 마

찬가지였습니다. 고려의 다원적 천하관과 조선의 일원적 천
하관은 고려와 조선의 차이가 아니라 두 나라가 속해 있던
동아시아 국제질서의 차이에서 비롯된 것임을 유념해둘 필
요가 있습니다.

형제인가 군신인가, 고려와 금의 외교

12세기 동아시아 변화와 동북 9성 개척

12세기 초, 동아시아에는 격변이 일어났습니다. 여진족이 금나라를 세우고 거란을 멸망시킨 뒤, 동아시아의 새로운 패권국이 된 것입니다. 이로써 거란을 중심으로 200년 가까이 유지되던 동아시아 국제 질서는 금나라를 중심으로 급격히 재편되었습니다.

여진족의 통합은 만주 동북쪽 쑹화강 지류인 아르추카강 유역에서 완안부完顔部를 중심으로 이루어졌습니다. 통합을 주도한 인물은 완안부의 족장 아쿠타阿骨打였습니다. 그는 빠르게 세력을 확장해 만주 동부와 한반도 동북부까지 세력을 넓혔고, 서쪽으로 진출해서 거란과 충돌했습니다. 1114년 거란의 국경도시 영강주寧江州를 공격해서 점령했고, 이듬해 나라를 세워 국호를 대금大金이라고 하고 황제에 올랐습니다. 나라 이름을 '금'이라 정한 것은 그들이 거주했던 아르추카가 여진어로 금을 뜻했기 때문입니다.

금은 건국 후 곧바로 거란과 전쟁에 돌입했습니다. 그러자 거란에 밀리고 있던 송이 꾀를 냈지요. 거란이 지배하는 연운 16주를 금의 영토로 인정해주고 세폐를 지급하는 조건으로 거란을 함께 공격하자고 제안한 것입니다. 금이 이를 수락했는데, 거란에 막혀 육로로 금나라 영토에 갈 수 없었던 송은 바다를 건너가 동맹을 맺었습니다. 그래서 이를 '해상의 맹海上之盟'이라고 합니다. 약속대로 두 나라는 거란을 협공했습니다. 송군은 계속 패배했지만, 금군의 활약으로 1125년 거란을 멸망시켰습니다. 거란의 마지막 황제 천조제는 하로 도망쳐 재기를 노렸으나 결국 사로잡히고 말았습니다.

그러나 금이 승리한 직후, 송이 금을 배신했습니다. 송의 대군이 소수의 금 기병을 급습해 전멸시킨 것입니다. 이에 분노한 금은 송의 수도 개봉開封을 공격해 항복을 받아내고, 백질伯侄(큰아버지와 조카) 관계를 맺으며 금 500냥, 은 5,000냥, 말 1만 필을 배상금으로 받았습니다. 그런데도 송은 다시 약속을 어기고 금과의 전쟁을 계획했지요. 이에 1126년 금이 다시 개봉을 공격해 함락시키고, 이듬해 황제 흠종과 상황으로 있던 휘종, 그리고 황족과 관리 수천 명을 금으로 끌고 갔습니다. 이를 '정강의 변靖康之變'이라 부르는데, 정강은 당시 송의 연호입니다. 이 사건으로 송은 멸망하고 말았죠.

송이 멸망한 뒤 흠종의 동생 조구趙構가 남쪽으로 내려가 임안臨安(지금의 항저우)을 도읍으로 삼아 송을 재건했습니다. 이 나라를 남송南宋이라고 부르고, 그 이전의 송을 북송北宋이라 부릅니다. 1115년에 건국한 금이 1125년에 거란, 1126년에 송을 차례로 무너뜨리며 불과 10년 만에 동아시아의 패권국이 된 것입니다.

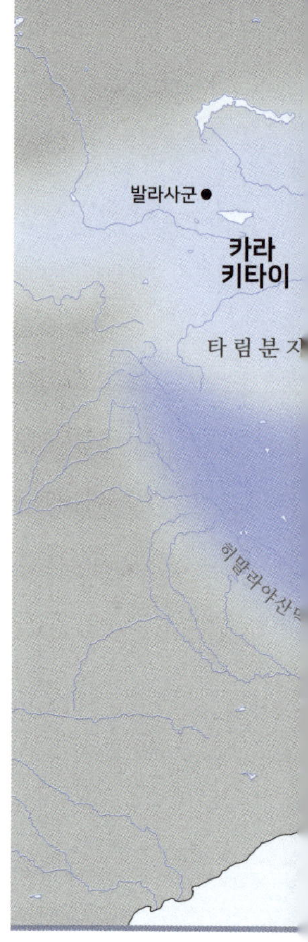

고려는 어땠을까요? 여진의 흥기로 인한 국제 질서의 동요는 고려에게도 커다란 위기였습니다. 거란과 책봉-조공 관계를 수립하고 100년 가까이 유지해온 평화가 깨질 수밖에 없었기 때문이죠. 게다가 고려는 금이 그렇게 커지기 직전에 여진과 전쟁을 치른 바 있습니다. 바로 윤관尹瓘(?~1111)의 동북 9성 개척입니다.

12세기 초, 여진의 통합 과정에서 고려 동북 국경 부근에

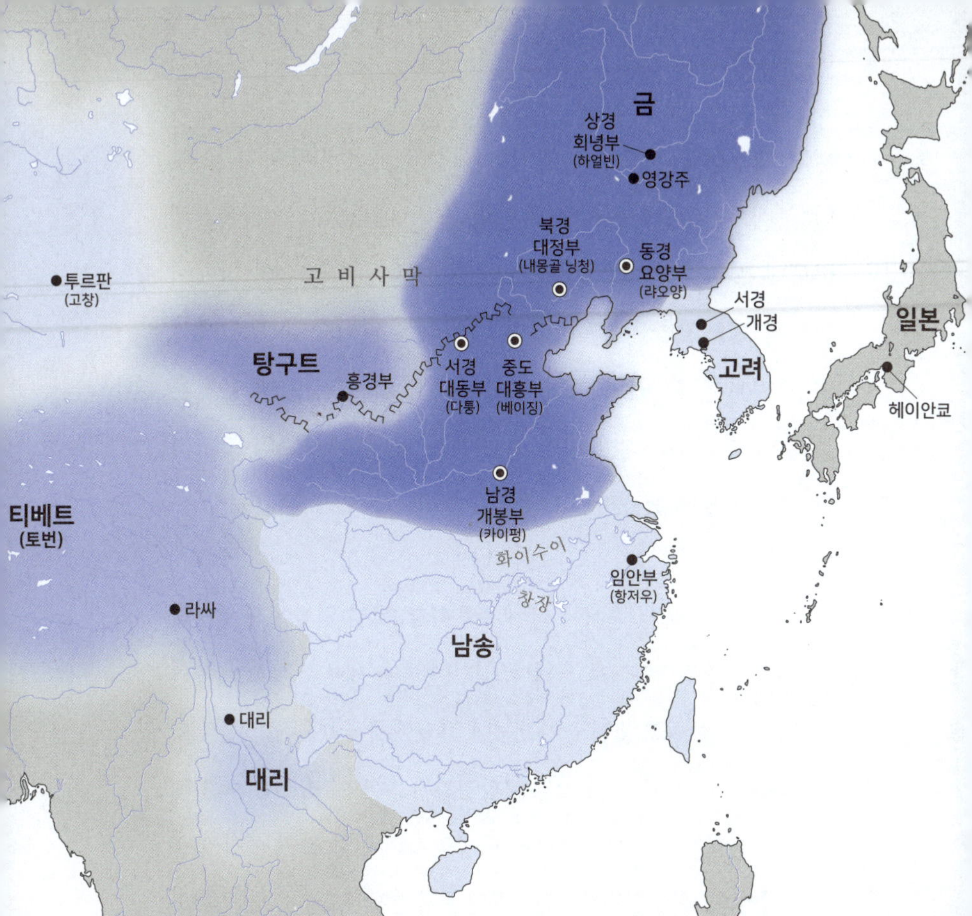

12세기 동아시아

살던 여진족 일부가 완안부에 협조하지 않았습니다. 그러자 당시 완안부 족장이던 오아속烏雅束이 군대를 이끌고 고려 국경까지 내려와 정주성定州城 문밖에 진을 쳤습니다. 1104년 1월의 일입니다.

고려 입장에서 여진은 그때까지 번藩을 자처하며 고려 황제국 체제를 완성해주는 존재였습니다. 그런데 갑자기 그 여진 군대가 국경에 몰려오니 놀랄 수밖에 없었죠. 여진이 배반했다고 판단한 고려는 즉시 군대를 파견해 정주성 밖에서 전투를 벌였지만, 예상과 달리 패배하고 말았습니다. 그때까지 고려가 알고 있던 여진이 아니었던 겁니다. 이에 윤관을 보내 다시 전투를 벌였지만, 이번에도 패배했지요. 당시 고려가 얼마나 당황했는지는 다음의 사료가 잘 보여줍니다.

오아속이 국경 근처에 와서 주둔하자, 왕이 임간에게 명령하여 가서 대비하도록 하였다. 임간이 공을 세우는 데 급급하여 병사를 이끌고 깊이 들어갔는데, 그들에게 공격을 받고 연달아 패배하여 죽은 자가 거의 절반이었다. 여진이 승세를 타고 정주 선덕관의 성에 난입해서 죽이고 노략질한 것이 헤아릴 수 없었다. 이에 윤관을 임간 대신 동북면행영도통東北面行營都統에 임명하고 부월鈇鉞(도끼와 창. 왕이 장수에게 수여하는 상징적 무기)을 주어 파견하였다. 윤관이 적과 싸워 30여 급을 베었으나, 우리 군사도 죽거나 다친 사람이 절반이 넘어 군대의 기세가 부진해졌으므로 결국 목소리를 낮추고 강화하여 맹약을 맺고 돌아왔다. 왕이 분노하여 천지신명께 고하기를 "원컨대 은밀한 도움을 주어 적을 소탕하게 해주시면 그 땅에 절을 지어 바치도록 하겠습니다"라고 하였다. _**《고려사》〈열전 윤관〉**

숙종이 패배한 이유를 묻자, 윤관은 여진과 달리 고려는 기병이 없기 때문이라고 대답했습니다. 그러자 숙종은 별무반을 만들어 급히 기병, 즉 신기군神騎軍을 양성하기 시작했습니다. 그리고 3년 뒤인 1107년 12월, 군사 17만 명을 동원해 여진을 공격해서 승리를 거두었습니다. 그때부터 9성을 쌓기 시작해 다음 해 2월 공험진에 비석을 세우고 그곳을 고려 국경의 끝, 즉 가장 북쪽으로 삼았습니다.

윤관이 쌓은 동북 9성의 위치에 대해서는 학계에서도 의견이 분분해 통일된 견해가 없습니다. 여기서는 대표적으로 세 가지 설이 있다는 것만 언급하겠습니다. 두만강을 넘어 간도까지 올라갔다는 설, 지금의 함경북도 남쪽에 있는 길주까지 올라갔다는 설, 함흥 평야 일대에 한정된다는 설이 그것입니다.

그런데 고려는 이렇게 힘들게 확보한 영토를 2년 만인 1109년에 포기하고, 동북 9성을 여진에게 돌려주었습니다. 그 이유가 《고려사》에 나와 있습니다.

조정에서 처음 의논하기를 병목 지역을 차지해 그 길을 막으면 오랑캐의 근심이 영원히 없어질 것이라고 하여 이때 공격해서 빼앗았는데, 물과 뭍으로 도로가 통하지 않는 곳이 없어 전에 듣던 것과 매우 달랐다. 여진이 그 소굴을 잃자 보복하고자 맹

〈**척경입비 拓境立碑**〉 ㅣ 1107년(예종 2) 동북면에서 윤관이 여진족을 격퇴하고 함주·영주·길주·공험진 등 아홉 성을 쌓은 뒤, 선춘령에 '고려지경 高麗之境'이라고 새긴 비석을 세워 국경을 확정한 장면을 그린 것이다. 조선 후기에 그려진 《북관유적도첩 北關遺蹟圖帖》에 실려 있다. 고려대학교박물관 소장.

세하며, 땅을 돌려달라는 것을 빌미로 여러 추장이 해마다 와서 다투었다. 간사한 속임수와 여러 무기가 이르지 않는 것이 없었는데, 성이 험하고 굳건하여 갑자기 빼앗기지는 않았으나 싸워서 지키는 임무를 맡아서는 우리 병사를 잃은 것 또한 많았다. 또 개척한 땅이 넓어서 9성 사이의 거리가 아득히 멀고, 시내와 골짜기가 험하고 깊어 적들이 매복하여 오가는 사람들을 여러 차례 노략질하였다. 나라에서도 군대를 많이 움직이게 되어 안팎으로 소란스러운 데다 마침 기근과 전염병까지 더해져 원망과 한탄이 일어났으며, 여진 또한 매우 고통스럽게 여겼다. 이때 이르러 왕이 여러 신하를 모아 의논하고 9성을 여진에게 돌려주었으며, 전쟁에 쓰이는 도구와 군량을 내지內地로 옮기고 그 성에서 철수하였다. _**《고려사》〈열전 윤관〉**

영토를 넓히는 것도 어렵지만, 지키는 일은 그보다 더 어렵습니다. 전쟁이 끝났으니 군사 17만 명을 고향으로 돌려보내야 했고, 그렇게 하면 새로 개척한 땅을 지킬 수 없게 됩니다. 가장 확실한 방법은 남쪽 사람들을 이주시키는 것이지만, 농사도 제대로 지을 수 없는 척박한 땅에 가서 살라고 하면 대부분 도망칠 게 뻔했습니다. '지키기 어렵다', 이것이 고려가 9성을 여진에 돌려준 이유였습니다.

그런데 여진은 이 상황을 다르게 받아들였습니다. 다음 자료를 함께 읽어볼까요?

예종 4년(1109) 6월 경자(27일), 여진 사신 요불_{褭弗} 등이 아뢰기를 "옛날 우리 태사 영가_{盈歌}가 이르기를 '우리 조상이 대방_{大邦}(큰 나라, 즉 고려)으로부터 나왔으니 자손 대대로 귀부하는 것이 의리에 맞는 일이다'라고 하였습니다. 지금 태사인 오아속 역시 대국을 부모의 나라로 삼고 있습니다. 갑신년(1104)에 궁한촌 사람들 중 태사의 지시에 복종하지 않은 사람들을 군사를 일으켜 응징하자, 국조_{國朝}(고려)에서는 우리가 국경을 침범한 것으로 생각하고 군사를 내어 정벌했으나 다시 수호를 허락했습니다. 이 때문에 우리는 그것을 믿고 조공을 끊임없이 바쳤는데, 생각지도 못하게 지난해 대규모로 군사를 일으켜 쳐들어와 우리의 늙은이와 어린아이들을 죽이고 9성을 설치하는 바람에 유랑민들이 돌아가 의지할 곳이 없게 되었습니다. 이에 태사가 우리를 보내 옛 땅을 청하게 되었습니다. 만약 9성을 되돌려주어 우리의 생업을 편안하게 해주시면 우리는 하늘에 맹세컨대 자손 대대로 공물을 정성껏 바칠 것이며, 감히 기와 조각 하나라도 국경에 던지지 않겠습니다"라고 하였다. 왕이 잘 타이르고 술과 음식을 하사하였다. _**《고려사》〈세가 예종〉**

여진족 사이에는 뒷날 금을 건국하는 아쿠타의 조상이 신라 또는 고려에서 건너갔다는 이야기가 퍼져 있었습니다. 그래서 고려를 부모의 나라라고 했던 것이지요. 이때 9성 지역을 빼앗긴 여진이 그 이야기까지 꺼내들며 돌려줄 것을 간청했습니다. 그러면 고려에 영원히 공물을 바치고 적대 행위를 하지 않겠다고 맹세도 했습니다.

고려는 단을 쌓고 하늘에 맹세하게 한 뒤 9성을 돌려주었습니다. 그로부터 6년 뒤인 1115년에 금나라가 들어섰고, 다시 10년이 지나 거란과 송을 차례로 멸망시켰으니, 만약 이때 9성을 돌려주지 않고 여진과 계속 싸웠다면 고려는 큰 어려움을 겪었을 것입니다. 땅을 돌려주는 것은 아깝지만, 지키기가 더 어렵다는 실리적 판단이 결국 옳았던 셈입니다.

거란에서 금으로, 사대의 전환

고려는 여진과 북방 영토를 놓고 싸우는 동안에도 거란을 의식했습니다. 1104년 여진과 충돌하기 시작할 무렵 국왕 숙종과 태자가 거란으로부터 책봉을 받고, 거란에 사신을 파견했습니다. 특히 11월에는 밀진사密進使라는 이름의 사신을 보냈는데, 내용은 전해지지 않지만 여진 문제를 논의했을 가능성이 큽니다. 또한 동북 9성을 개척할 때는 물론 그것을 돌려줄 때도 거란에 보고하며 꾸준히 공조했지요.

그런데 금의 공격을 받은 거란 황제가 하로 도망치며 고려에 군사를 요청하는 일이 벌어졌습니다. 고려는 어떻게 반응했을까요? 일언지하에 거절했습니다. 더 나아가 이듬해인 1116년에는 거란 연호의 사용을 중단했는데, 그 이유가 다음 기록에 나와 있습니다.

예종 11년(1116) 4월 신미(8일)에 중서문하성에서 아뢰기를 "요(거란)가 여진의 침략을 받아 매우 위태로운 형편이니, 요에서 받은 연호를 시행할 수 없습니다. 지금부터는 공·사문서에서 (요의) 천경天慶 연호를 쓰지 말고 간지干支만을 사용하는 것이 마땅합니다"라고 하니 왕이 허락했다. _**《고려사》〈세가 예종〉**

거란이 금의 공격을 받아 위태로우니 거란 연호의 사용을 중단하고, 연도 표기는 간지로 쓰면서 형세를 지켜보자는 판단입니다. 거란과의 책봉-조공 관계를 철회할 준비를 하고 있었다는 뜻이지요.

1117년에는 송이 여진과 소통하기 위해 고려에 중재를 요청한 일이 있었습니다. 거란과 금, 송의 싸움에 휘말리고 싶지 않았던 고려는 이 역시 거절했습니다. 그러다 1122년 인종이 즉위했을 때, 송에서 사신을 보내 거란이 곧 망할 것 같으니 자신들의 책봉을 받으라고 권유했지만, 고려는 이 또한 거절하고 중립을 지켰습니다.

당시 정세 속에서 고려의 중립 선언은 금을 지원하는 효과를 낳았습니다. 기존에 관계를 맺고 있던 나라들의 요청을 모두 거절했기 때문에 금 입장에서는 고려가 자신들에게 우호적이라고 판단했을 겁니다.

이런 상황에서 1116년 고려는 금에 영토 문제를 제기했습니다. 100여 년 전 거란이 압록강 동쪽의 강동 6주를 고려 영토로 인정하긴 했지만, 압록강 가운데 있는 하중도河中島인 내원성來遠城과 강 안쪽의 보주保州는 내주지 않았거든요. 거란이 압록강 너머에 교두보를 확보하려 했던 것이지요. 고려는 오랫동안 이 문제로 거란과 협상을 벌였지만, 결국 영토로 확보하지 못했습니다.

그러던 중 금나라 군대가 이 지역을 공격해 거란군을 몰아내자, 고려는 재빨리 금에 접근해 이 땅이 본래 고려의 것이라고 주장했습니다. 이에 대해 금 태조 아쿠타는 "너희가 스스로 차지하라"고 답했지요. 고려가 그 지역을 무력으로 차지해도 문제 삼지 않겠다는 뜻으로, 사실상 고려의 요구를 수용한 셈입니다. 고려가 거란과 금의 전쟁에 개입하지 않고 중립을 지킨 데 대한 응답이라고 할 수 있습니다.

1119년 고려는 국경 방비를 강화하기 위해 장성을 증축했습니다. 이 일로 금 내부에서 논란이 일었는데, 이번에도 아쿠타는 "고려를 침범해서 괜한 일을 일으키지 말라"고 명령했지요. 고려의 장성 증축을 그대로 두라는 얘기였습니다. 아쿠타는 왜 이렇게 고려에 우호적이었을까요? 거란을 아직 완전히 멸망시키지 않은 때라는 점도 이유였겠지만, 아마도 동북 9성을 돌려받을 때 고려와 한 약속의 연장이었을 가능성이 큽니다.

금은 1117년 아쿠타의 국서를 고려에 보내왔습니다. 그런데 국서를 받은 고려 조정이 발칵 뒤집혔는데요, "형 대여진 금국 황제가 제 고려 국왕에게 글을 보냄兄大女眞金國皇帝致書于弟高麗國王"이라고 쓰여 있었기 때문입니다. 그러면서 "왕이 나와 화친하여 형제가 되기를 약속하자"고 했습니다.

국가 간에 형제 관계를 맺자는 제안 자체도 고려로서는 낯선 일이었지만 아쿠타가 형, 고려 국왕이 동생이 되자는 것이어서 고려 사람들은 화가 났을 겁니다. 고려는 100년 넘게 여진을 동번, 서번이라 부르며 하위의 존재로 인식해왔으니까요. 그 관계의 역전을 받아들이기 어려웠던 것이죠. 하지만 여진이 점차 강해져 거란을 위협하고 있다는 현실 또한 무시할 수는 없었기에 고려는 답하지 않는 것으로 대응했습니다. 사실상 형제 관계 제안을 거절한 것입니다.

고려가 아무런 대답을 하지 않자, 금은 1119년 2월에 또다시 국서를 보내왔습니다. 내용은 별다른 게 없었죠. 금이 거란군에게 승리하고 있다고 자랑하면서 말 한 필을 보내니 수령하라는 것이었습니다. 그런데 이 대수롭지 않은 내용을 전달하는 형식이 문제가 되었습니다. 국서 첫머리에 "고려 국왕에게 조유詔諭한다"라고 쓰여 있었던 것이죠. 여기서 '조'라는 표현이 고려 사람들의 심기를 건드렸습니다. '조'는 황제가 제후에게 보내는 형식의 문서거든요. 고려 조정은 금이 형제 관계가 아니라 군신 관계를 요구하고 있다는 사실을 눈치챘을 겁니다. 그사이 금의 세력이 더욱 강성해졌으니 충분히 예상할 수 있는 일이었습니다.

이번에는 고려가 대응에 나서서 그해 8월 금에 사신을 파견했습니다. 그런데 이번에는 금이 고려의 국서를 받지 않고 퇴짜를 놓았습니다. 금이 문제 삼은 것은 고려의 국서에 "하물며 저들의 근원이 우리 땅에서 비롯되었음에랴!"라는 문장이 있었기 때문인데, 사실 이 정도는 여진 스스로도 자주 하던 말이어서 진짜 이유는 아니었을 것입니다. 아마도 고려가 보낸 문서의 형식이 '조'에 대응하는 '표表'가 아니었던 게 문제였을 가능성이 큽니다. 즉, 고려가 군신 관계를 받아들이지 않았고, 금은 이 때문에 고려의 국서를 거부한 것이겠지요.

이렇게 한 차례 충돌이 있고 난 뒤에는 몇 년간 양국 사이에 아무런 왕래가 없었습니다. 아마도 이 시기 금은 거란과의 전쟁에 전념하느라 고려에 신경 쓸 여력이 없었을 것입니다. 그러다 1125년 2월, 금이 거란의 마지막 황제 천조제를 사로잡는 데 성공했습니다. 그런데 그로부터 얼마 뒤인 5월 1일, 금이 고려가 보낸 국서를 받아들이지 않았다는 기록이 갑자기 등장합니다. 그렇다면 고려에서 사신을 파견한 시점은 아마 3월에서 4월 사이였을 것이고, 금이 천조제를 사로잡았다는 소식을 접한 직후였을 가능성이 큽니다. 고려는 금과 거란의 전쟁 상황을 예의 주시하다 금의 승리가 거의 확실해지자 재빨리 금과의 관계를 개선하려 했을 것입니다.

하지만 금의 입장은 달랐어요. 거란에 승리를 거둔 만큼 고려와의 협상에서도 우위를 점할 수 있다고 본 것이죠. 이번에도 고려가 보낸 국서를 수령하지 않았습니다. 이전과 달라진 점은 그 이유를 분명히 밝혔다는 겁니다. 고려의 문서가 '표문' 형식이 아니고, 고려 왕이 칭신하지 않았다는 것입니다. 금은 1119년부터 줄곧 고려와 군신 관계를 맺으려 했고, 이를 명확히 하기 위해 칭신상표稱臣上表, 즉 신하를 칭하고 표문을 올리라고 요구했던 것입니다. 금이 이런 태도를 보이자 고려는 깊은 고민에 빠졌겠지요?

1126년 3월, 고려 조정은 백관을 소집해 금의 요구를 받아들일지 여부를 놓고 회의를 했습니다. 그 직전에 고려에서는 국왕 인종(제17대, 재위 1122~1146)이 이자겸李資謙(?~1126)을 제거하려다 실패하고, 오히려 이자겸의 반격으로 왕이 유폐되고 궁궐이 불타는 일이 있었습니다. 이른바 '이자겸의 난'입니다. 회의에서는 반대하는 의견이 더 많았지만 막 권력을 잡은 이자겸과 척준경이 찬성 입장을 내놓았어요.

"금이 과거 소국이었을 때는 요(거란)와 우리를 섬겼지만, 지금은 갑자기 흥기하여 요와 송을 멸망시켰고, 정치는 안정되었으며 병력도 강성하여 날로 강대해지고 있다. 우리와는 국경을 맞대고 있으니 형세상 섬기지 않을 수 없다. 또 작은 나라가 큰 나라를 섬기는 것은 옛날 어진 임금의 도리이다."

과거가 어떠했든 현재의 형세에 따라 사대 여부를 판단해야 한다는 이자겸의 논리는 고려 특유의 실리 외교를 잘 보여줍니다. 누구에게 사대할 것인가를 힘의 우열, 즉 국제 정세의 형세에 따라 결정한다는 것이죠.

고려는 금에 사대하기로 결정하고, 다음 달인 4월에 금이 요구한 대로 칭신상표하고 공물을 보냈습니다. 그러자 9월에 금이 조서를 보내와, 앞으로 고려에서 사신을 보내는 절차는 거란에 했던 전례를 따르라고 통보했습니다. 이로써 고려의 책봉-조공 관계는 거란에서 금으로 옮겨갔습니다.

그런데 한 가지 중요한 차이가 있습니다. 금은 거란의 전례에 따르겠다고 하면서도 고려 국왕을 책봉하지 않았습니다. 고려가 금에 칭신상표하고 조공을 바쳤는데도, 금은 고려를 책봉하지 않는 이상한 상태가 되어버린 거죠. 그러면서 금은 갑자기 고려에 '서표誓表'를 요구했지요. 일종의 충성을 맹세하는 문서인데, 고려는 그것이 무엇인지 몰랐거나 혹은 알면서도 제출을 거부했던 것 같습니다. 이에 금은 집요하게 서표를 요구했고, 1128년에는 송과 하가 보낸 서표의 문구까지 예시로 들며 강요했죠. 결국 고려는 1129년 11월 금에 서표를 보냈는데, 그 말미에 이런 문장이 들어 있습니다. "삼가 군신의 의리에 맞추어 맹세하고, 대대로 번병의 직책을 수행할 것입니다. 충성스러운 마음은 밝은 해와 같습니다. 만약 제가 마음이 달라져서 변한다면 신령이 죽음을 내릴 것입니다."

금은 책봉은 하지 않고 대신 지금껏 없던 서표라는 걸 요구해서 받은 것입니다. 고려로서는 이해되지 않았겠지만, 금이 강력하게 요구하니 어쩔 수 없이 따랐을 겁니다. 그런데 나중에 보니 금은 고려만이 아니라 다른 나라에도 책봉은 하지 않고 서표만 받고 있었어요. 아마 자신만의 새로운 방식으로 주변국과의 상하 관계를 드러내려 했던 게 아닌가합니다.

그러던 금이 1140년 하국왕을 책봉한 데 이어 남송 황제도 책봉했습니다. 과거 거란과 송이 맺은 '전연의 맹'에서는 적어도 겉으로는 서로 대등하다는 것을 드러냈기 때문에 거란이 송 황제를 책봉하는 일은 없었지만, 이번에는 금이 남송 황제를 책봉했지요. 이어서 고려 국왕도 책봉했습니다. 고려가 금에 사대하기로 결정한 뒤 무려 16년이 지난 1142년의 일이에요.

고려도 인종이 금으로부터 책봉을 받자 금의 연호를 사용하기 시작했고, 이로써 고려와 금의 책봉-조공 관계가 완성됐다고 볼 수 있습니다. 인종 이후 의종, 명종, 신종, 희종, 강종까지 고려 국왕 모두가 금의 책봉을 받았어요. 그다음 고종은 책봉을 받지 않았는데, 자료가 없어진 것이지, 아니면 그 무렵부터 금이 몽골의 침략을 받아 고려 국왕을 책봉할 여유가 없었기 때문인지 분명치 않습니다. 따라서 고려와 금의 책봉-조공 관계는 1142년에 시작되어 금이 멸망하는 1234년까지 약 100년 동안 이어졌다고 할 수 있습니다.

그렇다면 금이 형제 관계를 요구한 1117년부터 책봉-조공 관계가 수립된 1142년까지 고려-금 관계는 어떻게 정의할 수 있을까요? 고려에서는 그것을 형제 관계라고 인식했습니다. 이승휴가 《제왕운기》에서 '형제를 맺은 증거'라고 말한 것도 그 때문이었습니다.

금과의 책봉-조공 관계는 그저 형식적인 것이었을까요? 아닙니다. 1170년 무신정변이 일어나 국왕(의종)을 폐위하는 일이 벌어졌죠. 당시 고려 국왕은 금으로부터 책봉을 받은 존재였기 때문에 금의 허락 없이 폐위하는 것은 매우 위험한 일이었습니다. 예전에도 강조가 정변을 일으켜 목종을 시해한 것이 거란 침략의 구실이 된 적이 있었지요.

무신정변을 일으킨 무신들은 의종(제18대, 재위 1146~1170)을 폐위하고 명종(제19대, 재위 1170~1197)을 옹립한 뒤, 금의 눈치를 살피며 사신을 파견했습니다. 이때 사신은 두 통의 표문을 가지고 갔는데, 하나는 의종의 건강이 좋지 않아 동생에게 왕위를 물려준다는 거짓 내용이고, 다른 하나는 명종이 형의 양위를 받아 왕위에 올랐으니 허락해달라는 내용이었어요. 《고려사》에 이때 파견된 사신 유응규와 금 황제의 대화가 실려 있는데 그 내용이 매우 흥미롭습니다.

황제가 표문을 보고 말하기를 "너희 나라가 비록 작으나 군신 간의 의리와 형제 간의 순서는 알 텐데, 어찌하여 형을 폐위해 왕위를 찬탈하고 거짓말을 꾸며 상국을 속이려 하는가? 마땅히 내가 직접 토벌하여 그 죄를 물을 것이다"라고 하였다. 유응규가 대답하기를 "전왕이 병들었고 아들 역시 총명하지 못한 까닭에 돌아가신 부왕의 유언에 따라 동생에게 왕위를 물려준 것뿐입니다. 소국으로서 어찌 감히 천자를 속이겠습니까?"라고 하였다. 황제는 그래도 의심하고 양위를 허락하지 않는다는 회답 조서를 내렸다. 유응규가 아뢰기를 "제가 올린 표문은 두

장인데 새 임금의 표문에는 어찌 회답이 없습니까? 어느 곳에 사신으로 가더라도 임금을 욕되지 않게 하는 것이 신하의 직무입니다. 신이 이제 임금을 욕되게 하였으니, 그 죄는 죽어도 용서받을 수 없습니다. 살아서 본국으로 돌아가느니 차라리 상국에서 목숨을 끊어 천하가 알게 하겠습니다”라고 하고는 음식을 먹지 않은 채 의관을 갖추고 뜰에 서서 명을 기다렸다. 밤낮으로 3일 동안 움직이지 않자 관반館伴(외국 사신을 접대하는 관리)이 황제에게 아뢰었고, 황제가 여러 번 사람을 보내 음식을 권했으나 기어코 먹지 않았다. 5일째가 되자 얼굴은 야위어서 파리해졌고, 숨이 곧 끊어질 듯하며 자꾸만 쓰러졌다. 황제가 그의 충성을 가상히 여겨 “너희 나라가 비록 작지만 이 같은 신하가 있으니 죄를 물으려는 논의는 중지하겠다. 조서를 내려 윤허할 것이니 우선 음식을 먹고 몸이 상하지 않게 하라”라고 하였다. 유응규가 “황제의 보살핌이 비록 지극하오나 회답 조서를 받지 못했는데 어찌 음식을 먹겠습니까? 조서를 받는 날이 신의 목숨을 잇는 날입니다”라며 7일 동안 먹지 않으니 황제가 결국 회답 조서를 내렸다. _**《고려사》〈열전 유응규〉**

유응규가 단식투쟁까지 하며 명종의 표문에 대한 황제의 회답 조서를 받았다는 이야기죠. 책봉-조공 관계가 아래서 고려가 왕위 교체를 인정받기 위해 얼마나 노력했는지를 알 수 있는 사례입니다.

하지만 금은 그 뒤로도 끝내 의심을 거두지 않았습니다. 의종의 양위를 승인하지 않고 고려에 직접 사신을 보내 사실 여부를 확인하려 했어요. 그러자 고려는 의종을 몰래 다른 곳으로 옮겨 사신을 만나지 못하게 했습니다. 그러고는 "전왕은 이미 왕위를 내놓고 다른 곳에 머무르고 계신데, 병세가 악화해 조서를 받으러 나오지 못합니다. 길도 험하고 멀어 사신이 찾아가기도 어렵습니다"라고 둘러댔습니다.

금나라 사신은 빈손으로 돌아갔고, 금은 결국 어쩔 수 없이 명종을 책봉했습니다. 아마도 고려 국왕에 대한 책봉권이 자신들에게 있다는 점을 확인한 것으로 만족했던 듯합니다. 이후 고려에서는 정권을 잡은 최충헌崔忠獻(1149~1219)이 명종과 희종(제21대, 재위 1204~1211)을 폐위했지만, 금은 별다른 문제를 제기하지 않았습니다. 오히려 그 뒤로 고려와 금 사이의 사신 왕래는 더욱 활발해졌습니다.

1126년부터 1213년 몽골 때문에 금과의 왕래가 단절되기 전까지, 고려에서 금으로 파견한 사신은 무려 339회, 금에서 고려로 보낸 사신은 137회에 달합니다. 고려로서는 11세기 100년의 평화에 이어 12세기에도 100년의 평화를 이어간 셈입니다.

실리를 취하고 문화를 꽃피운 고려

12세기 동아시아에는 고려, 금, 남송, 하를 주인공으로 한 국제 질서가 형성됩니다. 거란이 금으로 대체되는 과정에서 각국은 나름의 실리를 취했지요. 1127년 송이 멸망하고 흠종의 동생이 남쪽으로 내려가 남송을 세우지만, 금은 추격을 멈추지 않았습니다.

이 시기 금과 남송의 전쟁에서 유명한 인물들이 등장합니다. 남송의 진회秦檜와 악비岳飛가 바로 그들입니다. 진회는 정강의 변 당시 휘종·흠종과 함께 금에 끌려갔다가 돌아온 인물로, 처음에는 강경한 주전론主戰論자였지만 이후 주화론主和論으로 입장을 바꿉니다. 이 때문에 그가 풀려난 것조차 금의 계략이었다는 얘기까지 있죠. 악비는 남송의 대표적 주전론자이고 금의 군대와 싸워 전공을 세운 명장이지요.

1141년 진회가 악비를 제거하고 금과 굴욕적인 강화를 체결했습니다. 저장성 소흥에서 체결했다고 해서 '소흥화의紹興和議'라고 부르는데, 이때 남송은 금으로부터 동쪽은 회수淮水, 서쪽은 섬서성 대산관大散關 이남의 영토를 인정받는 대신, 매년 은 25만 냥과 비단 25만 필을 세폐로 바치기로 했습니다. 그뿐 아니라 남송 황제가 금의 책봉을 받는 데까지 이르렀습니다.

한편, 하는 거란과 송이 대립하던 시기에 두 나라 사이에서 이중의 책봉-조공 관계를 맺고 있었습니다. 그런데 거란이 멸망하기 2년 전인 1123년, 거란 황제 천조제가 하 땅으로 도피하는 일이 벌어졌지요. 거란 황제를 확보한 하는 거란에 지위 격상을 요구해 책봉호를 하국왕에서 하국황제로 고치는 데 성공했습니다. 그러나 곧 망할 나라의 책봉을 받는 것이 의미가 없었던 만큼 하는 거란의 일부 영토를 차지하는 조건으로 금에 사대하겠다고 제안했고, 금이 수락하자 거란과의 관계를 끊었습니다. 또 송이 약해진 틈을 타 남쪽으로 전쟁을 벌여 영토를 확장했습니다. 국제 질서의 변동을 활용해서 실리를 취한 것이죠.

베트남은 거란이나 금과 국경을 맞대고 있지 않아 직접 영향을 받지는 않았지만, 남송이 약화하고 남송 황제가 금의 책봉까지 받자, 이를 계기로 남송을 상대로 보다 적극적인 외교를 펼쳤습니다. 그 결과 책봉호가 이전까지의 '교지군왕'에서 '안남국왕'으로 승격되었는데, 이는 단순한 명칭 변화가 아니라 국제적 위상이 높아졌다는 뜻이어서 베트남으로서는 중요한 외교 성과였습니다.

그럼 고려는 어땠을까요? 고려는 거란이 금으로 교체되는 과정에서 보주와 내원성을 확보함으로써 거란과 100년 가까이 묵혀왔던 영토 문제를 해결했습니다. 이는 9성 반환 이

'청자 참외모양 병'과 '청자 투각 칠보무늬 향로' ㅣ 고려청자의 대표적인 작품으로 12세기에 만들어진 것으로 추정된다. 국립중앙박물관 소장.

후, 금-거란 전쟁에서 중립을 유지한 실리 외교의 성과입니다. 반면에 잃은 것도 있었으니, 바로 황제국으로서 위상입니다. 해동 천하에서 동번과 서번을 구성하던 여진이 금으로 탈바꿈하며 관계가 역전되었지요. 또 이 무렵 탐라국은 고려의 군현으로 편입되어 탐라현이 되었습니다. 이제 더는 외왕 내제를 내세우기 어렵게 되었고 황제국 고려는 정신적 관념으로만 남게 되었습니다.

고려의 민심도 동요했습니다. 그래서 일어난 것이 묘청의 서경 천도 운동과 칭제건원론입니다. 묘청은 서경 천도를 주장하면서 금에 사대하기로 한 결정에 따른 고려 사람들의 불만을 이용했습니다. 그는 인종에게 "서경 임원역林原驛의 지세는 음양가에서 말하는 대화세大華勢에 해당합니다. 궁궐을 세워 그곳으로 옮기시면 천하를 아우를 수 있으며, 금이 예물을 가지고 스스로 항복하고 36국이 모두 신하가 될 것입니다"라며 설득했습니다. 실현 가능성과는 별개로, 당시 고려 민간에서는 이에 동조하고 지지하는 이가 많았던 것은 분명합니다.

묘청의 반란을 진압한 뒤에는 그를 지지했던 민심을 어떻게 수습할지가 과제로 떠올랐습니다. 이때 등장한 것이 《삼국사기》입니다. 이 책은 풍수와 칭제건원론을 앞세운 묘청을 진압한 후, 그 정당성을 역사적 맥락으로 설명하고자 편찬한 것입니다. 고구려의 수·당에 대한 무모한 전쟁은 잘못이고, 신라의 사대 외교야말로 합리적 선택이었다는 이야기를 전하려 한 것이지요. 묘청의 금 정벌론은 고구려의 전철을 밟는 무모한 짓이고, 금에 사대하는 것이야말로 신라처럼 실리를 추구하는 길이라는 논리를 내세운 겁니다. 《삼국사기》는 단순한 역사책이 아니라, 이러한 정치적 메시지를 담고 있었던 것입니다.

이런 대가가 따르긴 했어도 고려는 평화를 얻었습니다. 이 평화의 시기에 고려는 문화 융성기를 맞이했습니다. 고려청자를 비롯한 문화 예술품이 대부분 이 시기에 탄생했지요. 금과 싸우지 않고 실리 외교를 선택한 결과였습니다.

역사는 반복되는가? 고려의 성공과 조선의 실패

평행 이론이란 서로 다른 시대를 산 두 사람의 운명이 같은 패턴으로 전개되는 것처럼 보이는 현상을 말합니다. 대표적 사례가 미국의 링컨과 케네디 대통령입니다. 그들의 운명을 들여다보면, 마치 두 사람이 다른 시대에 같은 인생을 산 것 같은 느낌을 주기도 합니다.

"링컨은 1846년, 케네디는 1946년 하원의원에 당선되었다. 링컨은 1860년, 케네디는 1960년 대통령에 당선되었다. 두 사람 모두 금요일에 암살당했으며, 머리에 총을 맞고 죽었다."

이처럼 신기하게 맞아떨어지는 패턴은 사람들에게 평행 이론에 대한 믿음을 심어주지만, 사실 평행 이론은 역사학의 최대 적이라고 할 수 있습니다. 이런 믿음이 성행하면 역사학 자체가 성립하기 어렵기 때문입니다. 역사학자의 역할은 어떤 사건이 일어났을 때 그 원인을 분석하고 의미를 해석하는 데 있는데, 모든 게 예정된 일이라면 역사학자가 할 일이 없어지겠죠. 역사학의 적이 아니라 역사학자의 적이라고 해야 할까요? 그래서 역사학자에게는 그럴듯해 보이는 평행이론을 깨뜨려야 하는 숙제가 있습니다.

우리 역사에도 평행 이론으로 설명할 만한 사건이 꽤 있습니다. 그중 가장 눈에 띄는 것은 12세기 고려와 17세기 조선의 상황입니다. 마치 500년 간격을 둔 평행 이론처럼 보입니다. 12세기 고려의 상대는 여진족이 세운 금이었고, 17세기 조선의 상대 역시 여진족이 세운 후금·청이었습니다.

국가 간 관계에서도 놀랄 만큼 유사한 전개가 이어집니다. 금은 처음 고려에 형제 관계를 요구했고, 이후 고려가 칭신상표하며 책봉-조공 관계를 맺었습니다. 조선 또한 정묘호란을 거쳐 후금과 형제 관계를 맺었고, 병자호란을 거치며 군신 관계를 수립했습니다. 여진족이 세운 나라와 형제 관계, 군신 관계를 차례로 맺는 패턴이 똑같이 반복된 것이지요.

이쯤 되면 정말 평행 이론이 맞는 것처럼 보입니다. 그러나 그 평행 이론을 깨뜨릴 수 있는 결정적 차이가 있습니다. 바로 선후 관계입니다. 고려는 500년 뒤에 일어날 일을 몰랐지만, 조선은 500년 전의 일을 알고 있었습니다. 동일한 공간에서 시차를 두고 일어난 일이기 때문에 후대 사람들은 앞에 일어난 일을 '역사'로 인식하게 되지요. 그렇다면 고려의 경험과 조선의 경험은 같을 수 없습니다. 이런 점에서 역사는 평행 이론의 가장 큰 적일 수도 있습니다. 조선은 비슷한 국면을 맞닥뜨리면서 고려의 경험을 참고했을 겁니다. 일종의 역사적 교훈인데, 과연 조선 사람들은 그것을 교훈으로 삼았을까요?

고려는 금과의 전쟁을 피하고, 협상을 통해 위기를 돌파했습니다. 반면, 조선은 후금·청과 전쟁을 벌였고, 남한산성의 비극과 왕의 항복이라는 실패를 경험했습니다. 고려의 사례를 교훈으로 삼지 못했던 것입니다. 우리는 이렇게 묻지 않을 수 없습니다. "왜 조선은 고려를 교훈으로 활용하지 못했을까?"

정묘호란에서 병자호란까지, 길 잃은 조선의 외교

후금과 청에 대해 살펴보겠습니다. 여진족은 원·명

시기에 만주와 요동 지역에 흩어져 살고 있었습니다. 16세기 후반, 압록강 건너 만주에 자리 잡고 있던 건주여진建州女眞 (명나라 때 남만주 건주위 지역에 살던 여진)에서 부족 통합의 움직임이 일어났고, 1583년 누르하치가 부족을 통합한 뒤 1616년 나라를 세우고 '겅기연 칸'에 즉위했습니다. 그보다 400여 년 전인 1206년에 테무친이 몽골 부족을 통일하고 칭기스 칸에 오른 것과 똑같은 일이 재현된 것입니다.

누르하치는 나라 이름을 여진어로 '아이신 구룬'이라고 정했습니다. 아이신은 황금, 구룬은 나라라는 뜻이니, 이를 그대로 옮기면 '금나라'가 됩니다. 후대 사가들이 앞의 금과 구분하기 위해 이를 후금後金이라고 부르는 것이죠.

후금을 세운 누르하치는 명을 공격하기 시작했고, 1619년 심하深河 전투에서 승리를 거두었습니다. 이때 명의 요청에 따라 조선군도 참전했습니다. 광해군은 어쩔 수 없이 군대를 파견하면서 강홍립에게 "대충 싸우다 항복하라"는 말을 했다는 소문이 있지요. 실제로 강홍립은 후금과 한 번 싸우고 크게 패한 뒤 바로 항복했지만, 피해가 상당했기 때문에 일부에서는 그가 일부러 져준 게 아니라고도 합니다. 이 승리로 후금이 요동을 점령하면서 조선과 명을 오가는 길이 끊어졌습니다.

여기서 한 가지 생각해볼 점이 있습니다. 당시 조선은 후금이 명과 싸워서 이길 거라고 여겼을까요? 지금 우리는 후금이 승리한 결과를 알고 있지만, 1619년 당시에는 후금이 적은 인구와 병력으로 명과 싸워 이기는 건 불가능해 보였을 것입니다. 또한 심하 전투 이후 후금이 바로 명을 향해 진격했을 거라고 생각하기 쉽지만, 당시 후금은 명과 싸워 이길 가능성이 없다고 판단해 전면전을 포기했습니다.

대신 후금은 북쪽의 몽골로 공격 방향을 돌렸습니다. 몽골제국이 멸망한 뒤에도 몽골 초원에서는 국가를 유지하며 명과 대결하고 있었거든요. 당시 몽골의 릭단 칸은 후금에 저항했습니다. 하지만 누르하치에 이어 즉위한 홍타이지가 1634년 몽골 내부의 분열을 이용해 몽골을 점령하고, 릭단 칸이 가지고 있던 전국옥새 傳國玉璽를 차지했습니다. 전국옥새는 칭기스 칸 때부터 전해 내려오는 칸의 상징물이라는 전설이 있었죠.

1636년 홍타이지는 "이제 내가 칭기스 칸의 정통을 잇는 사람이다"라며, 자신을 만주·몽골·한족 세계를 통합하는 '대칸'이라고 선언했습니다. 동시에 나라 이름도 아이신 구룬에서 '다이칭 구룬'으로 바꿔요. 다이칭을 한자로 쓰면 '대청 大淸'이고, 우리는 이걸 청나라라고 부르죠. 또 이때부터 청은 여진이라는 명칭을 금지하고 대신 '만주'라고 부르게 했습니다. 만주족의 청나라는 이렇게 탄생했지요.

홍타이지는 자신이 만(만주)·몽(몽골)·한(중국) 세 세계를 아우르는 지배자임을 보여주기 위해 황제를 선포했습니다. 그 즉위식에 조선 사신 나덕헌과 이확이 있었어요. 다른 일로 갔다가 우연히 참석하게 된 것인데, 그들은 "나는 여기서 절할 수 없다"며 무릎을 꿇지 않았습니다. 일부에서는 이것이 전쟁의 원인이었다고도 말하지요. 결국 1636년 병자호란이 일어나 조선이 항복하고, 청은 조선을 명나라로부터 떼어놓는 데 성공했습니다.

그때까지도 청은 명을 정복할 생각은 없었던 것으로 보입니다. 그런데 명이 스스로 무너져요. 수도 북경(베이징)에서 이자성이 주도한 농민 봉기로 명 조정이 붕괴하고, 청나라 군대가 무혈 입성하며 명-청 교체가 이루어졌습니다.

명과 청의 대결에서 누가 이길지는 당시 조선 사람들이 당연히 알 수 없었습니다. 그 때문에 조선의 외교 정책도 갈팡질팡할 수밖에 없었죠. 이 대목에서 주목받는 인물이 바로 광해군입니다. 예전에는 광해군 하면 으레 폭군으로만 여겼지만, 요즘은 '외교의 달인'이라고 평가합니다. 우리 사회가 외교의 중요성을 인식하면서 광해군에 대한 재평가가 이루어진 결과죠.

광해군 재위 기간(1608~1623)에 아이신 구룬, 즉 후금이 건국되었고, 누르하치가 심하 전투에서 승리해 요동을 점령했습니다. 후금이 막 세력을 키워가던 시기에 조선은 광해군 치세였던 것입니다.

광해군은 명과 후금이 대립하는 상황에 기민하게 대응했습니다. 후금 건국 소식을 접하고 가장 먼저 한 일은 국방을 강화한 것이었어요. 후금이 언제 조선을 공격할지 모른다고 판단했던 거죠. 임진왜란을 직접 겪은 광해군은 실전 경험 덕분에 현실을 냉정하게 판단하고 대비하는 데 능했습니다.

후금과의 전쟁을 위해 명나라가 조선에 군사를 요청했을 때 광해군은 보내면 안 된다고 주장했고, 신하들은 보내야 한다고 맞서 논쟁이 벌어졌습니다. 결국 조선은 군사를 파견했지만, 심하 전투에서 패배하고 말았습니다. 광해군은 패전 소식을 듣고 대책을 마련하기 위해 신하들과 논의하는 자리에서 이렇게 말했습니다.

적(후금군)이 요동성에 들어가 버티고 있고, 명나라 장수들이 차례로 항복하고 있다. 비록 30만 명이나 되는 군사가 온다 해도 그들은 오랑캐를 경험하지 못한 군사들이다. 그들의 갑옷과 무기는 파손되어 형편없다고 한다. 멀리서 온 군사들이 어떻게 정예롭고 건장하겠는가. 중국의 형세가 참으로 답답하기만 하다. 이럴 때 안으로 스스로를 강화하면서 밖을 견제하는 계책을 써서 한결같이 고려가 했던 것처럼 한다면 나라를 보전할 수 있을 것이다. 그런데 요즘 우리나라 인심을 살펴보면 안으로 일에 힘쓰지 않고 밖으로 큰소리만 치고 있다. 조정 신하들이 모은 의견을 보면, 무장들이 올린 의견은 모두 물러서지 말고 결전을 벌이자는 것이니 매우 가상하다고 하겠다. 그러나 지금 무사들은 어찌하여 서쪽 변경이 죽을 곳이라도 되는 듯 두려워하는가. 고려가 했던 것에 너무도 미치지 못하고 있으니 부질없는 헛소리일 뿐이다. 우리나라 사람들은 큰소리 때문에 나랏일을 망칠 것이다. _《광해군일기》 광해군 13년(1621) 6월 6일

광해군은 고려의 사례를 들어가며, 명과 후금의 싸움에 개입하지 말고 스스로의 힘을 키워야 한다고 주장했습니다. 그러나 신하들은 끝까지 명나라를 도와야 한다고 고집했지요. 결국 1623년 인조반정이 일어나 광해군이 쫓겨나면서 조선의 외교 정책은 숭명배금崇明排金, 즉 명을 숭상하고 금을 배척하는 방향으로 바뀌었습니다. 그 결과 1627년 후금이 조선을 침략해서 정묘호란이 일어났지요.

정묘호란 당시 인조는 강화도로 피신한 가운데 후금과 협상을 벌였고, 그 결과 두 나라가 형제 관계를 맺는 조건으로 강화에 성공했습니다. 조선 입장에서는 사실상 패전 상태에서 명과 책봉-조공 관계를 유지한 채 후금과 형제 관계를 맺었으니 나름 양보받은 셈이었지요. 반면, 후금이 얻어낸 것은

경제적 지원이었죠. 조선으로부터 세폐를 받고, 압록강의 국경도시 중강에서 무역할 수 있는 권리도 얻었습니다.

그러나 정묘호란 이후 조선에서는 치열한 논쟁이 이어졌습니다. 한쪽에서는 "화친하지 않으면 나라가 망할지도 모른다"고 주장했고, 다른 한쪽에서는 "나라가 망할지언정 불의로 보존을 도모할 수는 없다"고 맞섰지요. 전자를 주화론, 후자를 척화론斥和論이라고 부릅니다.

주화론과 척화론의 대립은 후금이 국호를 '대청'으로 바꾸고, 형제 관계를 군신 관계로 변경할 것을 요구하면서 더욱 첨예해졌습니다. 주화론자들은 전쟁이 일어나면 막대한 피해를 입을 것이므로 화의를 모색해야 한다고 했고, 척화론자들은 북방 오랑캐 여진과 군신 관계를 맺는 것은 자존심을 버리는 굴욕이므로 승패와 관계없이 맞서 싸워야 한다고 했습니다.

당시 분위기는 척화론이 우세했습니다. 병자호란 직전인 1636년(인조 14) 10월, 홍문관에서 다음과 같은 글을 올렸습니다.

우리나라는 본래부터 명나라와 명분이 정해져 있으니, 신라와 고려가 당·송에 사대한 것과는 같지 않습니다. 임진년 난리에 명나라의 도움이 아니었더라면 나라를 회복할 수 없었으니, 군

116

신과 상하를 지금까지 보존하여 어육魚肉처럼 결딴나지 않은 것이 누구의 힘입니까. 비록 지금 불행하게 큰 화가 닥친다고 하더라도 오히려 죽음이 있을지언정 두 마음을 가져서는 안 됩니다. 그렇지 않으면 앞으로 천하와 후세에 무슨 할 말이 있겠습니까. 지난봄 화의를 거절한 일을 안팎에서 듣고서 모두 머리를 북으로 향해 싸우다 목숨을 바칠 각오가 되어 있으니, 그 사기를 고취하면 나라를 일으킬 수 있을 것입니다._《인조실록》

일치단결해서 싸우면 청을 이길 수 있다는 주장이었습니다. 하지만 실제로는 청과 전쟁을 벌여서 패배하고 말았지요. 그런데도 사람들의 생각은 바뀌지 않았습니다. 병자호란 직후인 1637년 1월, 이조참판 정온은 대표적 주화론자 최명길을 강하게 비판하며 다음과 같은 상소문을 올렸습니다.

우리와 명나라의 관계는 고려와 금, 원의 관계와 다릅니다. 부자와 같은 은혜를 어찌 잊으며, 군신의 의리를 어찌 배반할 수 있겠습니까. 하늘에는 두 개의 태양이 없는 법인데, 최명길은 두 개의 태양을 만들려 하고, 백성에게는 두 임금이 없는데 최명길은 두 임금을 만들려 합니다. (…) 최명길이 나라를 팔아먹은 죄를 바로잡으소서._《인조실록》

당시 조선 사람들은 진심으로 이렇게 생각했습니다. 나라가 망하는 한이 있더라도 명에 대한 의리는 끝까지 지켜야 한다고 말이지요. 그러나 병자호란 때 조선은 정말로 망할 뻔했습니다. 청나라 역사서에는 인조가 남한산성에서 나와 홍타이지에게 삼배구고두례三拜九叩頭禮를 하며 항복하던 날, 청 황제와 관리들이 조선 국왕을 어떻게 대할지를 두고 나눈 이야기가 다음과 같이 기록되어 있습니다.

이종李倧(인조)이 앞에 서고 여러 아들과 신하들이 차례로 뒤에 서서 삼배구고두례를 행한 후 자리로 돌아왔다. 예부의 신하가 인도해서 의장 아래 서 있게 하고 이종의 서열을 황제에게 물어보니 황제가 말하기를 "위협해서 억압하는 것은 덕으로 품는 것만 못하다. 조선 왕이 비록 군사력에 위압되어 항복했지만, 역시 일국의 왕이다"라며 명령을 내려 좌측 앞자리에 가까이 앉게 하였다. _**《청태종실록》**

이것은 매우 상징적인 장면입니다. 홍타이지가 인조를 "일국의 왕이다"라고 말한 순간, 조선은 하나의 국가로서 그 지위를 인정받은 것이지요. 만약 홍타이지가 그런 판단을 내리지 않았다면, 조선을 아예 없애고 관리를 직접 파견해 통치하려 했을지도 모릅니다. 조선이 청의 영토가 될지, 아니면 국가를 유지할 수 있을지 결정되는 절체절명의 순간이었습니다. 그 상황에서 조선이 할 수 있는 일은 아무것도 없었고, 그저 홍타이지의 처분을 기다릴 뿐이었지요. 다행히 홍타이지는 조선을 그대로 존속시키고 인조를 조선 국왕으로 책봉했습니다. 그 결과 조선은 명과 맺은 것과 같은 책봉-조공 관계를 연장한 것입니다.

조선 입장에서 청의 결정은 매우 다행스러운 일이었지만, 동시에 나라의 운명이 타인의 손에 맡겨졌다는 점에서 대단히 위태로운 순간이기도 했습니다. 조선이 그런 상황까지 내몰린 것 자체가 엄청난 외교적 실패였지요. 그런데도 조선 사람들이 여전히 척화론을 고수했다니 참으로 놀라운 일입니다.

두 개의 눈으로 역사를 봐야 하는 이유

조선은 왜 고려의 경험을 역사적 교훈으로 삼지 못했을까요? 그 답은 척화론자들의 주장 속에 나와 있습니다. "우리나라는 본래부터 명나라와 명분이 정해져 있으니, 신라와 고려가 당·송에 사대한 것과는 같지 않습니다"라거나 "우리와 명나라의 관계는 고려와 금, 원의 관계와 다릅니다"라고 한 데는 '지금은 그때와 다르다'는 생각이 깔려 있었습니다. 이 한마디로 조선은 고려의 경험을 역사적 교훈으로 삼을 수 없었던 것입니다.

그렇다면 '지금은 그때와 다르다'는 생각이 잘못된 걸까요? 저는 오히려 그것이 역사를 바라보는 올바른 태도라고 생각합니다. 많은 사람이 생각하는 것과 달리 역사는 반복되지 않기 때문입니다. 따라서 지금은 그 어떤 과거와도 같지 않습니다. 척화론자들의 주장처럼, 신라가 당에 사대한 것이나 고려가 송에 사대한 것은 조선이 명에 사대한 것과 분명히 달랐습니다. 신라나 고려가 당·송의 군사적 도움으로 위기에서 벗어난 일은 없었으니까요. 임진왜란 때 명나라의 도움 없이는 나라를 지키기 어려웠다는 판단이 조선 사람들에게 결정적 영향을 주었습니다. 그래서 명을 배신해서는 안 된다고 생각하게 된 것이죠.

평행 이론처럼 같은 일이 반복된다면 후대 사람들은 과거의 길을 따르겠지만, 조선 사람들은 당시 상황을 과거와는 다른 현실로 인식하고 다른 방식으로 대응한 것입니다.

하지만 이게 끝일까요? 현재가 과거와 다르다고만 생각하면 '역사를 왜 알아야 하는가' 하는 근본적 의문이 생깁니다. 조선의 위기를 해결하는 데 고려의 경험이 도움을 주지 못할까요? 저는 그렇지 않다고 봅니다. 고려가 송에 사대한 것 말고, 거란의 침략을 받아 송과 관계를 끊고 거란에 사대하기로 한 서희 외교를 떠올렸다면 어땠을까 합니다. 고려는 전쟁을 피하기 위해 평소 야만스럽다고 생각해온 거란에 사대하기로 결정했습니다. 사대를 현실적 외교 정책으로 활용한 것이죠. 여진족이 세운 금에 대해서도 마찬가지였습니다. 그전까지 황제국 고려의 해동 천하를 구성하는 번국으로 취급했던 여진족이 나라를 세우고 강성해지자 그에 대한 사대도 감수했습니다. 이런 사례를 두루 참고했다면 병자호란 전후 조선의 외교 정책이 달라질 수도 있지 않았을까 생각해봅니다.

흔히 역사를 공부하는 목적이 역사 속에서 교훈을 얻기 위해서라고 하지요. 하지만 그 생각은 틀렸습니다. 역사를 공부하는 목적은 역사 속에서 교훈을 얻는 방법을 배우기 위해서입니다.

홍문관의 척화 주장 속에는 또 한 가지 중요하게 생각해야 할 것이 있습니다. "비록 지금 불행하게 큰 화가 닥친다고 하더라도 오히려 죽음이 있을지언정 두 마음을 가져서는 안 됩니다"라고 한 대목입니다. 여기서 말하는 '큰 화'란 무엇일까요? 청의 침략을 받아서 임금과 신하가 목숨을 잃는 것, 그 이상일 겁니다. 대책 없이 청과 일전을 불사하자는 주장 속에는 비록 나라가 망하더라도 명나라를 배신할 수 없다는 의지가 담겨 있습니다. 오늘날 관점에서는 외교의 가장 중요한 목표가 국가의 유지이지만, 조선 시대 사람들에게는 그보다 중요한 가치가 있었던 거지요. 자신들이 옳다고 생각하는 성리학적 질서를 유지하는 것이었습니다.

국가를 유지하는 것보다 더 중요한 일이 있다는 생각을 지금 우리는 이해할 수 없습니다. 하지만 지금의 시각으로 옛날 사람들을 섣불리 평가하기보다는 "그들은 그렇게 생각했구나"라고 이해할 필요가 있습니다. 그것이 바로 역사이니까요.

역사를 보는 데는 두 개의 눈이 필요합니다. 지금의 눈과 과거의 눈입니다. 지금 눈으로 보면 잘 보이지 않고 이해되지 않지만, 과거의 눈으로 보면 이해되는 경우가 많습니다. 반대로 지금 눈에는 그럴듯해 보여도, 과거에는 도저히 받아들여지지 않는 일도 있지요. 허균이 그렇습니다. 지금은 그를 이해할 수 있지만, 당시에는 받아들여지지 않았습니다.

현재와 과거, 두 개의 눈으로 역사를 볼 때는 순서가 중요합니다. 과거의 눈으로 먼저 그 시대의 상황을 이해하고, 그 다음에 지금의 눈으로 해석해야 합니다. 만약 과거에 대한 이해가 없이 지금의 해석만 내세운다면 "세종은 참 무식해. 영어의 ABC도 몰랐잖아" 같은 엉뚱한 소리를 하게 될 것입니다. 세종을 제대로 평가하려면, 당시 기준으로 조선 사람이 갖출 수 있는 지식 수준을 먼저 알아야 한다는 말입니다.

물론 과거의 눈에서 끝나면 모든 일을 "그때는 그랬지" 하고 보아 넘길 수 있습니다. 그래서 그다음 단계, 즉 지금의 눈으로 다시 한번 해석하고 성찰하는 과정이 필요합니다. 이 두 번째 과정은 일부러 하지 않아도 저절로 됩니다. 사람은 누구나 지금의 눈으로 과거를 바라보기 때문입니다. 결국 역사 공부란 누구나 갖고 있는 '지금의 눈'이 아니라, '과거의 눈'을 갖기 위해 훈련하는 과정이라고 할 수 있습니다. 과거의 눈이 없으면 우리는 과거의 모든 역사를 지금의 눈으로만 보고 지금의 기준으로만 평가하게 될 것입니다.

2장

고려와 몽골제국

고려와 몽골의 전쟁

몽골제국은 어떤 나라인가

10~11세기 동아시아에서는 북쪽의 거란과 남쪽의 송, 12세기에는 북쪽의 금과 남쪽의 남송이 서로 대립하고 있었습니다. 이로 인해 고려 외교에는 선택의 여지가 있었죠. 고려는 군사적으로 우위에 있던 거란과 금에 차례로 사대했지만, 거란과 송, 금과 남송 사이의 대립 상황을 활용해 실리를 챙기기도 했습니다.

그러나 13세기 초 몽골이 등장하면서 상황이 완전히 달라졌습니다. 특히 30년 가까운 전쟁 끝에 몽골에 패배하면서 고려는 매우 불리한 처지에 놓였습니다.

몽골제국의 최대 영토

몽골제국은 13세기 후반부터 14세기 전반까지 약 100년 동안 유라시아 대륙을 아우르는 대제국으로 군림했습니다. 그런데 이 거대한 제국의 이름이 무엇이었는지가 기록으로 남아 있지 않습니다. 몽골 시대의 비문에 '예케 몽골 울루스'라는 이름이 있는 것에서 추측할 뿐인데, 몽골어로 예케는 '크다'는 뜻이고, 울루스는 '나라'라는 뜻이니 굳이 한자로 번역하면 대몽골국大蒙古國이 됩니다. 쿠빌라이 칸

128

(재위 1260~1294) 때인 1271년부터 '대원大元'이라는 이름을 사용했지만, 당연히 한자를 읽을 수 있는 지역에서만 사용되는 이름이었습니다.

예케 몽골 울루스는 쿠빌라이 울루스(카안 울루스)를 비롯해 주치 울루스, 차가다이 울루스, 훌레구 울루스로 나뉘었습니다.• 이 네 개의 울루스가 일종의 연방 구조를 이루고 있었으며, 카안 울루스의

• 쿠빌라이 칸 이후 예케 몽골 울루스는 4개의 울루스로 분할되었고, 창업자의 이름을 따서 나라 이름을 짓는 관행에 따라 각각 쿠빌라이 울루스, 주치 울루스, 차가다이 울루스, 훌레구 울루스라고 부른다. 이 가운데 쿠빌라이 울루스는 전체 울루스를 대표하는 위치에 있었으므로 '카안 울루스'라고도 하는데, 카안은 칸보다 상위의 존재이다. 한편, 한자 이름 '대원大元'이 카안 울루스를 가리키는지, 예케 몽골 울루스의 번역어인지에 대해서는 학자들 간에 이견이 있다. 이 책에서는 대원 국호를 제정한 1271년을 기준으로 그 앞은 몽골, 그 뒤는 대원 또는 원으로 표기하는 것을 원칙으로 하였다.

칭기스 칸의 초상 l 원나라 때 그린 것으로 추정되나 생전의 모습을 보고 그린 것은 아니다. 타이베이 고궁박물원 소장.

대칸이 자신의 울루스를 직접 통치하면서 동시에 제국 전체를 대표하는 위치에 있었습니다.

고려 후기에는 이처럼 규모도 크고 체제도 달랐던 몽골제국을 상대해야 했기에 거란이나 금을 상대하던 고려 전기의 외교 전략과는 큰 차이가 있을 수밖에 없었습니다.

몽골제국은 1206년 테무진이 몽골 초원의 부족들을 통일

하고 칭기스 칸에 즉위하면서 출발했습니다. 이후 서쪽으로
는 탕구트(하), 카라키타이 왕국, 호라즘 왕국을 차례로 정복
했고, 남쪽으로는 금을 공격해 빠르게 영토를 확장했습니다.

고려와는 1218년 말 처음 접촉해서 한 달 만인 1219년 1월
'형제 맹약'을 맺고 형제 관계를 수립했습니다. 하지만 고려
와 몽골의 관계는 처음부터 순탄치 않았습니다. 형제 맹약
의 조건 중 하나인 고려의 공물을 둘러싸고 갈등이 생겼는
데, 결국 1225년 몽골 사신 제구예가 돌아가는 길에 피살되
는 사건이 발생하면서 양국 관계가 단절되고 말았습니다. 그
리고 6년 뒤인 1231년부터 몽골의 침략이 시작되어 1259년
까지 무려 28년간 전쟁이 이어졌습니다.

그 후 고려는 1356년 공민왕(제31대, 재위 1351~1374)이 반원
反元 운동에 성공할 때까지 97년 동안 원나라의 정치적 간섭
을 받았습니다. 이 시기를 흔히 '원 간섭기'라고 부르지요. 반
원 운동에 대한 보복으로 1364년 원의 군대가 다시 침략했
지만, 최영과 이성계가 함께 격퇴했습니다. 몽골과의 마지막
전쟁이었습니다. 그리고 4년 뒤인 1368년, 원은 명나라에 수
도를 빼앗기고 몽골 초원으로 쫓겨나고 말았습니다. 일반적
으로 이를 '원-명 교체'라고 부르지만, 원은 그 후에도 20년
넘게 명과 싸우다가 1388년 최종적으로 멸망했습니다. 그로
부터 4년 뒤, 1392년 고려 역시 역사 속으로 사라졌습니다.

이상이 약 170년에 걸친 고려-몽골(원) 관계의 대략적인 흐름입니다. 고려는 몽골과 오랜 전쟁을 벌이고 정치적 간섭을 받았지만 거의 같은 시기에 멸망했습니다. 어떤 의미에서는 같은 운명을 공유했다고도 볼 수 있습니다.

만약 원이 망하지 않았다면, 고려도 더 오래 명맥을 유지했을지 모릅니다. 실제로 원이 쇠퇴하던 시기, 고려가 명을 공격한 일이 있었지요. 바로 '위화도 회군'의 발단이 된 최영의 '요동 정벌'입니다. 당시 최영은 명을 공격하면서 원에 지원을 요청했지만, 이미 원은 그럴 힘조차 없을 만큼 약해져 있었고, 결과적으로 그 노력은 아무런 성과도 거두지 못했습니다. 만일 그때 원이 고려와 함께 명과 전쟁을 벌였다면, 고려의 운명이 달라졌을 지도 모른다는 상상을 해봅니다.

첫 만남, 반목하는 형제 관계

칭기스 칸은 나라를 세운 뒤 죽을 때까지 침략 전쟁을 멈추지 않았습니다. 1209년 탕구트 공격을 시작으로, 1211년부터 1215년까지는 금을 공격했지요. 1218년에는 거란족이 세운 카라키타이 왕국을, 1219년부터 1225년까지는 서아시아의 호라즘 왕국을 공격해 결국 멸망시켰습니다. 호라즘과의 전쟁 도중인 1222년에는 제베와 수베데이가 이끄는 몽골 기병 2만이 크림반도까지 진출했고, 이듬해 불가르(불가리아) 왕국을 공격했습니다. 칭기스 칸은 호라즘 원정을 마치고 돌아오는 길에 탕구트를 다시 공격했고, 그 전쟁 중인 1227년에 사망했습니다.

당시 몽골 인구는 수십만 명에 불과했을 텐데, 어떻게 이처럼 많은 전쟁을 치를 수 있었는지가 궁금합니다. 하지만 더 근본적인 질문은 "왜 이런 전쟁을 벌였는가?"입니다. 몽골은 왜 그렇게 넓은 영토를 차지하려 했을까요? 칭기스 칸이 처음부터 대제국 건설이라는 계획을 갖고 있었을까요? 이 의문은 아직도 명확히 풀리지 않았습니다. 어쨌든 칭기스 칸 생전에 고려는 침략을 당하지 않았습니다. 당시 몽골의 전쟁 방향이 주로 서쪽과 남쪽을 향했기 때문에 동쪽에 있던 고려는 관심 밖이었던 거죠.

칭기스 칸이 나라를 세웠을 때 중국 북쪽에는 금나라가 있었습니다. 자연스럽게 금과 몽골 사이에 전쟁이 벌어졌겠지요. 그런데 당시 금에는 여진족의 지배를 거부하는 사람들이 있었어요. 바로 거란족입니다. 1125년에 거란이 멸망한 뒤 100년 가까이 금의 지배를 받던 거란족이 요동 지역에서 야율유가를 중심으로 세력을 모으고 몽골과 손을 잡았습니다.

그런데 야율유가 세력 내부에서 분열이 일어나 일부가 야

율유가와 몽골군에 쫓겨 고려로 도망쳤지요. 1216년의 일입
니다. 고려로서는 거란의 침입으로 받아들일 수밖에 없었습
니다. 그 수가 수만 명(혹은 9만 명)이라고 전해지는데, 고려에
서는 이들을 '거란의 남은 종자'라는 뜻으로 거란 유종遺種이
라고 불렀습니다.

고려는 군대를 동원해 거란 유종을 막았지만, 그 수가 워
낙 많아 애를 먹었습니다. 거란 유종은 압록강 하류의 의주
를 통해 침입했다가 고려군에 밀리면 동해안 국경을 넘어 후
퇴하고, 다시 쳐들어오는 식으로 계속해서 공세를 이어갔습
니다. 이들과의 전쟁은 만 3년 넘게 이어졌고, 때로는 수도
개경이 위협을 받기도 했습니다.

그러다 1218년 고려는 전열을 재정비해서 대대적인 반격
에 나섰습니다. 조충과 김취려를 지휘관으로 삼아 거란족을
북쪽으로 밀어 올리는 작전을 펼쳤지요. 고려군에 밀린 거란
족은 예전 같았으면 국경 너머로 도망쳤을 텐데, 이번에는
서경(지금의 평양)에서 동북쪽으로 약 40km 떨어진 강동성으
로 들어갔습니다. 나중에 밝혀진 일이지만, 몽골군이 고려 영
토 안으로 들어와 퇴로를 막았기 때문입니다.

1218년 12월, 강동성에서 거란족을 가운데 두고 고려군과
몽골군이 마주하게 되었습니다. 당시 몽골군 병력은 1만 명, 여
기에 동진군 2만 명을 더해 총 3만 명 규모였어요. 동진東眞

은 금의 장수였던 포선만노가 거란을 진압하다 실패하고 독
립해서 세운 나라입니다. 이 나라도 곧 몽골에 항복했고, 몽
골이 거란을 추격해 고려로 들어올 때 군사력을 동원해 참전
했던 것이지요.

몽골군은 마치 고려를 구원하러 온 것처럼 행동하며 군량
과 원병을 요구했고, 거란군을 진압한 뒤 형제 관계를 맺자
고 제안했습니다. 몽골이 형, 고려가 아우인 상하 관계였습니
다. 고려는 이 제안을 받아들였고, 이듬해 1월 두 나라가 함
께 강동성을 함락한 뒤 고려군 지휘관 조충과 김취려, 몽골
군 지휘관 카치운과 차라가 모여 형제 맹약을 맺었습니다.

이렇게 보면 고려와 몽골은 공동의 적을 상대로 협력한 동
맹으로서 우호적 관계를 맺은 셈입니다. 몽골 같은 유목 민
족은 조손·부자·백질·숙질·형제 같은 친족 용어로 국가 간
의 관계를 표시했는데, 그중 차이가 가장 적은 것이 형제 관
계였습니다. 그런 점에서 몽골이 고려를 어느 정도 대우한
것이라고 할 수 있죠.

하지만 형제 관계에 대한 인식은 두 나라가 달랐습니다.
사료를 보면 고려는 이때 "몽골과 강화講和했다"고 표현했지
만, 몽골은 "고려가 투배投拜했다"고 기록했습니다. 투배는
항복을 뜻하는 말입니다. 같은 맹약을 두고 양쪽이 전혀 다
르게 받아들인 겁니다.

여기서 의문이 생깁니다. 고려는 왜 처음 만난 몽골의 상하 관계 요구를 받아들였을까요? 분명 고려 조정 내에서 이를 둘러싼 논란이 있었을 겁니다. 구체적인 기록은 없지만, 대다수 관리가 반대한 가운데 강동성에 있던 조충의 요청에 따라 집권자 최우崔瑀(?~1249)가 결단을 내렸다고 합니다. 즉, 현장 지휘관의 판단이 크게 작용한 건데, 당시로서는 몽골군의 지원 없이 거란 유종을 소탕하기 어렵거나, 소탕 후에 3만 명에 달하는 몽골·동진 연합군과 싸우는 것이 불가능하다고 판단했을 가능성이 큽니다.

고려는 건국 이후 줄곧 중국의 여러 왕조와 책봉-조공 관계를 맺어왔기 때문에 형제 관계가 매우 낯설었을 겁니다. 하지만 100년 전 금과 형제 관계를 맺은 전례가 있었죠. 당시 고려는 책봉을 받지 않은 상태에서 공물을 보냈고, 외교 문서에는 스스로 신하라 칭하며 표문을 보냈습니다. 이번에도 그때처럼 칭신상표하고 공물을 보내면 될 거라 생각했을 겁니다.

그런데 몽골의 생각은 달랐습니다. 몽골은 자신들이 요구하는 공물을 직접 받아 가겠다고 통보했어요. 또 사신 파견은 1년에 한 번 10명 이내로 제한하겠다고 했습니다.

고려는 어쩔 수 없이 몽골의 요구를 수용했지만, 이번엔 동진이 끼어들었습니다. 자신들 역시 고려에 2만 명의 병력을 파견했으니, 몽골과 마찬가지로 1년에 한 번 10명 이내의 사신을 보내 공물을 받겠다고 나선 겁니다. 결국 고려는 몽골에 칭신상표하고, 몽골과 동진 양측에 모두 공물을 바치게 되었습니다.

몽골과 동진이 요구한 공물은 수달피(수달의 가죽)를 비롯해 비단 따위의 옷감과 지필묵·약재 등 매우 다양했고, 수량도 상당했어요. 예컨대 수달피의 경우 한 번에 1만 령領, 즉 1만 벌의 옷을 만들 만큼의 양을 요구했죠. 당시 몽골과 동진의 요구가 얼마나 과도했는지, 정확한 수치는 알 수 없지만 고려 건국 이래 가장 큰 부담이었던 것만은 분명합니다.

당연히 고려는 반발했고, 양국 관계가 원만할 리 없었습니다. 그런데 사태를 더욱 악화시키는 사건이 일어났습니다. 바로 몽골 사신의 무례한 행동 때문이었죠. 강동성에서 형제 맹약을 맺은 직후, 몽골 장수 카치운이 보낸 사신이 활과 화살까지 지닌 채로 국왕을 알현한 겁니다. 게다가 국왕의 손을 덥석 잡고는 품에서 문서를 꺼내 직접 쥐여주기까지 했습니다.

이 광경에 크게 놀란 고려 신하들은 사신에게 밖으로 나갈 것을 요구했고, 몽골 사신은 마지못해 고려 복장으로 갈아입고 다시 알현했습니다. 하지만 이번에도 절은 하지 않고 허리를 숙이는 읍만 했습니다. 고려 사람들로서는 무례하다고 여길 만한 장면이었지만, 달리 보면 몽골 사람들의 일상적 행동 방식이 그대로 드러난 것일 수도 있습니다. 즉, 외교 프로토콜의 차이라고 볼 수 있겠지요. 하지만 몽골 사신이 상대의 문화를 전혀 고려하지 않고 자기 방식을 고집한 것은 분명했습니다.

형제 관계를 맺기는 했지만, 언제 전쟁이 터질지 모르는 위태로운 상황은 계속되었습니다. 몽골이 먼저 약속을 깼습니다. 애초에 사신을 1년에 한 번, 10명 이내로 보내기로 해놓고는 1년에 두 번, 많을 때는 세 번까지 사신을 보내 공물을 요구했어요. 1회 10명 이내의 약속도 지키지 않았습니다. 고려의 부담은 갈수록 커질 수밖에 없었죠. 고려가 항의했지만, 몽골은 오히려 공물의 품질에 불만을 표시했습니다. 그것도 매우 무례한 방식으로 말입니다. 고려에서 가져간 공물을 다시 들고 와서는 국왕 앞에 내던지는 행동까지 했으니까요. 이쯤 되면 막가자는 것이죠?

이 시점에서 몽골 사신 제구예著古與가 등장합니다. 그는 여러 차례 고려에 사신으로 왔는데, 한번은 대접이 소홀하다며 고려 관리들에게 활을 쏘고 몽둥이질까지 했습니다. 그러자 고려에서는 그가 머무는 집에 자물쇠를 채워 가둬버렸어요. 국왕 앞에 공물을 내던진 장본인이 바로 이 제구예였습니다.

그런 그가 사신 임무를 마치고 귀국하던 중 압록강 근처에서 피살되었습니다. 이 사건이 일어난 데는 이유가 있습니다. 본래 몽골 사신은 동진의 안내를 받아 함흥 쪽을 통해 고려를 다녀갔는데, 몽골과 동진의 관계가 악화하면서 압록강을 통해 오가게 되었고, 그 바람에 이런 사고가 난 것입니다. 어찌 되었든 1225년 1월, 제구예가 살해된 이후 몽골 사신의 왕래는 완전히 끊겼고, 얼마 뒤 전쟁이 시작되었죠.

몽골의 침략, 고려의 30년 항쟁

몽골 사신의 죽음은 곧바로 피의 보복을 불러왔습니다. 이전에 실제로 그런 전례가 있었죠. 1218년 중앙아시아의 호레즘 왕국에서 몽골 사신단이 학살당하는 사건이 벌어졌고, 이에 칭기스 칸이 직접 군대를 이끌고 7년에 걸친 전쟁 끝에 호레즘을 멸망시키고 폐허로 만들었습니다. 인구가 적은 유목국가로서는 철저한 보복이 생존의 필수 조건이었던 거죠.

제구예가 피살되자 몽골은 고려의 소행이라 주장했고, 고려는 인근 여진의 짓이라고 맞섰습니다. 그런데 뜻밖에도 몽골은 곧바로 고려를 공격하지 않았습니다. 당시 칭기스 칸이 호레즘을 공격하는 중이었고, 귀환 도중 탕구트에서 1227년에 사망했기 때문입니다.

칭기스 칸의 죽음으로 몽골의 모든 전쟁이 일시 중지되었습니다. 칸의 자리를 두고 칭기스 칸의 네 아들이 서로 다투었거든요. 후계자를 정하기 위해 지휘관들을 모두 한자리에 모아 회의를 열어야 했는데, 그 때문에 세계 곳곳에서 벌어지던 침략 전쟁을 멈춰야 했지요. 2년 뒤인 1229년, 셋째 아들 우구데이(재위 1229~1241)가 즉위하면서 전쟁이 재개되었고, 고려에는 1231년에 침략해왔습니다. 이것이 몽골의 1차 침략입니다.

사르탁이 이끄는 몽골군은 놀라울 만큼 빠른 속도로 남하했습니다. 8월에 압록강을 건넌 뒤, 12월 1일에 벌써 수도 개경을 포위했으니까요. 압록강에서 개경까지 겨우 석 달 만에 도달한 겁니다. 몽골군의 공격은 아주 거세고 잔인했습니다. 이때의 전투 상황을 담은 사료가 하나 있습니다.

고종 18년(1231) 11월 경술(28일) 밤에 몽골군이 평주성 안으로 돌입해 관원들을 죽이고 성을 도륙하여 가옥에 불을 지르니 닭 한 마리, 개 한 마리도 남지 않았다. _**《고려사》〈세가 고종〉**

개경을 포위하기 며칠 전인 11월 28일, 평주성(지금의 황해도 평산)에서 벌어진 이 사건은 엄청난 충격으로 남았습니다. 다음 해 서경(평양)에 파견된 순무사巡撫使 민희 등이 몽골군에 맞서 싸우려 하자, 서경 주민들은 평주의 학살을 떠올리고 두려움에 사로잡혀 오히려 반란을 일으켰습니다. 그래서 고려 관리 최자온을 붙잡아 가두기까지 했죠. 한 번의 잔혹한 살육이 이처럼 오랜 여운을 남긴 것입니다.

몽골의 침략을 받은 고려는 극도의 불안 속에서 대응했습니다. 그럼에도 고려 사람들은 용감하게 싸웠죠. 개경(개성)을 포위한 사르탁의 본진 외에 내륙 쪽으로 남하하던 또 다른 몽골군 부대가 귀주(지금의 평안북도 구성)를 공격하자 박서 장군이 이를 막아내고 승리를 거두었습니다. 당시의 전투 기록입니다.

고종 18년(1231) 12월 몽골 장수 가운데 나이가 거의 일흔이 된 사람이 감탄하며 말하기를 "내가 어려서부터 종군하여 천하의 성지에서 싸우는 것을 여러 번 보았으나, 공격을 이렇게 당하고도 끝내 항복하지 않는 것은 처음 보았다. 성안 장수들은 반드시 모두 장군이나 재상이 될 것이다"라고 하였다.

_《고려사》〈열전 박서〉

귀주에서 박서를 비롯한 고려 장수들이 끝까지 분전하며

성을 지켜냈고, 이를 본 몽골 장수가 비록 적이지만 대단하다고 감탄했다는 이야기죠. 귀주성은 끝내 함락되지 않았습니다. 귀주는 그보다 훨씬 이전에 강감찬 장군이 거란의 침입을 막아낸 곳이기도 합니다. 바로 귀주대첩이죠. 이곳 지형이 방어에 유리했던 듯합니다.

몽골의 1차 침략 당시에는 병사들뿐만 아니라, 그때까지 고려 조정에 불만을 품고 있던 초적草賊들까지 나서서 항전했습니다. 초적은 다른 말로 하면 산적山賊이죠. 이에 대한 사료를 살펴보겠습니다.

> 고종 18년(1231) 9월 마산의 초적 우두머리 두 사람이 스스로 항복하고 최우를 찾아가 "저희가 정예한 병사 5,000명으로 몽골군을 격퇴하는 것을 돕겠습니다"라고 했다. 그랬더니 최우가 크게 기뻐하여 상을 매우 후하게 주었다. (…) 최우가 광주 관악산의 초적 둔소屯所에 사람을 보내 적 우두머리 다섯 사람과 정예 50명을 데려오도록 해서 후하게 상을 주고 우군에 충원하였다. _**《고려사》〈세가 고종〉**

1231년 8월부터 11월까지 넉 달 가까이 이어진 전투에서 고려는 총력을 다해 싸웠습니다. 그러나 개경이 포위되자 발빠르게 협상에 나서 전쟁을 끝내는 데 성공했지요. 이후에도 고려는 몽골의 침입이 있을 때마다 전쟁과 협상을 병행했습니다. 용감하게 싸우면서도 신속하게 협상하는 이 두 가지 방식을 고수한 끝에, 무려 30년 동안 전쟁을 끌고 갈 수 있었던 겁니다.

1차 침략 당시 고려는 몽골군이 돌아가는 조건으로 이전에 맺은 형제 맹약을 복원하자고 제안했죠. 그러나 사르탁은 상상할 수 없을 만큼 과도한 조건을 내걸었습니다. "질 좋은 금은과 진주 및 고급 의복을 많게는 말 2만 필, 적게는 1만 필에 실어 올 것. 자주색 비단 1만 필, 수달피 2만 장, 큰 말과 작은 말 각각 1만 필, 국왕과 고위 관리의 아들딸 1천 명씩을 인질로 보낼 것." 말 그대로 황당한 요구였습니다.

그런데도 고려는 일단 이를 수용하고 몽골군을 물러가게 했습니다. 그때가 1232년 1월입니다. 몽골군은 철수하면서 다루가치를 서북면 지역(지금의 황해도와 평안도)에 남기고 심지어 개경에까지 파견했습니다. 다루가치는 점령지를 통치하는 몽골의 관직입니다.

그렇다면 고려는 이런 조건을 정말로 들어줄 생각이었을까요? 당연히 아닙니다. 우선 받아들이는 척하며 시간을 번 다음, 공물을 대폭 줄이고 인질도 보내지 않는 조건으로 재협상을 시도했습니다. 하지만 몽골이 거절하면서 협상이 결렬됐고, 고려는 마치 예상이라도 한 듯 곧바로 강화 천도를 논의하기 시작했습니다. 개경은 쉽게 포위당할 수 있으니 섬으로 옮겨 장기전을 펼치려고 한 것이죠. 결국 고려는 1232년 6월, 강화 천도를 결정했습니다. 다음 사료에는 이 천도 논의 과정이 비교적 자세히 나와 있습니다.

고종 19년(1232) 6월 최우가 자기 집에 재추宰樞(재상급 고위 관료)들을 모아놓고 도읍을 옮기는 일을 의논하였다. 그때 나라가 오랫동안 태평하여 개경의 인구가 10만 호에 이르고 호화로운 저택이 즐비하였다. 사람들의 마음이 옮기는 것을 좋아하지 않았으나 최우를 두려워하여 감히 말을 꺼내는 사람이 없었다. 유승단이 말하기를 "작은 나라가 큰 나라를 섬기는 것은 이치에 맞는 일입니다. 예로써 섬기고 믿음으로써 사귄다면 저들 역시 무슨 명분으로 우리를 괴롭히겠습니까. 성곽과 종묘사직을 버리고 섬에 숨어 구차하게 세월을 보내면서 변방의 백성 중에 젊은이는 전쟁에서 다 죽고 노약자는 잡혀가 노예가 되게 하는 것은 국가의 장기적인 계책이 아닙니다"라고 하였다. 야별초지유夜別抄指諭 김세충이 문을 밀치고 들어와 최우에게 따지듯이 말하기를 "개경은 태조 이래로 지켜온 지가 200여 년이 되었습니다. 성이 견고하고 군사와 양식은 풍족하니 힘을 모아 지켜서 사직을 보위해야 합니다. 이곳을 버리고 어디에 도읍하려 하십니까"라고 하였다. 최우가 성을 지킬 계책을 묻자 김세충이 대답하지 못했다. 어사대부御史大夫 대집성이 최우에게 "김세충이 아녀자들의 말을 듣고 감히 중대한 의논을 방해했으니 그를 목 베어 사람들에게 보이십시오"라고 하였다. 김세충을 끌어내 목을 베었다. _《고려사절요》

도읍을 옮기는 국가 중대사를 논의한 장소가 다름 아닌 최우의 집이었다는 사실, 놀랍지 않나요? 최우는 자기 집에 관리들을 불러 모아 천도를 밀어붙이려 했습니다. 많은 사람이 반대했지만, 그 앞에서는 아무도 반대 의견을 내지 못했죠. 그런데 국왕의 사부이자 명망 있는 문신 유승단兪升旦(1168~1232)이 나서서 정면으로 반대했습니다. 천도 대신 몽골에 사대해서 전쟁을 피하자는 의견을 낸 겁니다. 유승단 같은 인물이 반대하고 나서자 최우도 난감해졌습니다.

그때 회의에 참석할 자격조차 없는 야별초 지휘관 김세충이 갑자기 문을 밀치고 들어와 개경 사수를 주장했습니다. 최우는 옳다 싶어 김세충에게 구체적 방법을 물었지만, 김세충이 대답하지 못했지요. 그러자 최우의 심복 대집성이 나서서 그를 처형하라고 했습니다. 항전을 주장하는 김세충을 죽임으로써 천도에 반대하는 사대론자들을 협박하는 고도의 정치술이었죠. 이렇게 공포 분위기 속에서 회의는 천도 결정으로 마무리되었습니다. 이후 최우는 주저하는 국왕까지 압박해 1232년 7월 강화 천도를 강행했습니다.

천도하기 직전, 고려는 군대를 서북면으로 보내 몽골이 남겨둔 다루가치를 공격했지요. 일종의 선전포고였고, 이로써 전쟁이 본격화됩니다. 그런데 강화 천도는 이후 벌어지는 전쟁에서 신의 한 수가 됩니다.

고려가 강화도로 수도를 옮기고 항전 의지를 드러내자, 몽골은 다음 달인 8월에 즉시 공격을 재개했습니다. 몽골의 2차 침략으로, 이번에도 지휘관은 사르탁이었습니다. 몽골군은 1차 침략 때보다 빠르게 남하해 비어 있는 개경을 지나 강화도 앞까지 도달했습니다. 이때 몽골군이 "우리 갑옷만 걸쳐놔도 건널 수 있겠다"고 말했다는 이야기가 전해지는데, 여기서 갑곶이라는 지명이 생겨났다는 설도 있지요.

하지만 몽골군은 강화도에 들어가지 못했습니다. 흔히 몽골이 수전에 약했다고들 하는데, 이는 근거 없는 이야기입니다. 수전이 약했다면 유라시아 대륙에 걸친 영토를 차지하는 일은 처음부터 불가능했겠지요. 다만, 몽골군 대부분이 기병으로 이루어져 육지 전투에 비해 상대적으로 수전에 약했고, 고려 침략 당시 수군이나 배 만드는 기술자를 동원하지 않았던 건 사실입니다.

전쟁에서 전력은 상대적입니다. 고려 수군이 몽골보다 강했던 것도 분명합니다. 훗날 삼별초가 강화도를 떠나 진도로 옮길 때 수천 척의 배를 동원했는데, 몽골과 싸울 때는 이 배들이 강화도 주변을 에워싸고 있었겠지요. 몽골군이 감히 쉽게 접근하지 못한 이유입니다. 이 밖에 강화도와 육지 사이의 좁은 바다가 겨울에 얼지 않고, 한강·예성강·임진강을 통해 뭍과 교통이 원활하게 이어진 것도 피란 수도이자 행정 거점으로서 강화도의 장점이었습니다. 이처럼 강화 천도는 고려가 장기전에 나설 수 있는 기반이 되었죠.

몽골군은 1232년 8월, 2차 침략을 시작해 개경을 거쳐 10월에는 한양산성을 함락했습니다. 이후 경기도 광주의 남한산성을 공격하다 뜻대로 안 되자 더 남쪽의 처인성(지금의 경기도 용인)으로 향했습니다. 당시 처인은 부곡部曲*이었기 때문에 규모도 작고 성안에 군사도 많지 않았을 텐데, 이곳에서 사르탁이 날아온 화살에 맞아 전사하는 일이 벌어졌습니다. 총

•　부곡은 고려의 지방 행정구역의 이름이다. 고려 시대 행정구역에는 주州·부府·군郡·현縣과 부곡部曲·향鄕·소所·진津·역驛·장莊·처處 등이 있었다. 부곡 이하에 사는 사람들은 국가에 부담하는 역이 더 많아서 사회적으로 천대를 받았다. 하지만 모두 천민이었던 것은 아니고, 부곡 등에도 향리부터 양인, 천민까지 모든 신분의 사람이 함께 거주했다. 대체로 경제력이 낙후된 지역에 설치되었으므로 일반 군현보다 규모도 작고 인구도 적었다. 고려 시대에 부곡 등은 900여 개가 있었는데(일반 군현은 500여 개), 조선 초 군현 정리 과정에서 군현으로 승격되거나 흡수되어 없어졌다.

지휘관이 전사한 것은 몽골 전쟁사에서 드문 일이었죠. 충격을 받은 몽골군은 전면 철수했고, 2차 침략은 고려의 완승으로 끝납니다.

처인성 승리의 공은 최우에게 돌아갑니다. 많은 반대에도 불구하고 강화 천도를 단행해 장기전에 대비했고, 처인성 승리를 통해 항전의 가능성을 증명했으니 당연한 결과였지요. 이후 최우의 권력은 더욱 공고해지고, 조정 내에서 누구도 몽골과의 강화講和를 언급할 수 없게 되었습니다.

고려에서 철수한 몽골군은 곧바로 다시 공격해오지 못했습니다. 그 무렵 몽골은 금과 전쟁 막바지에 있었기 때문입니다. 금은 비록 쇠퇴기에 접어들었지만, 몽골이 상대한 어떤 나라보다도 인구가 많고 군사력이 강했습니다. 몽골이 고려에서 물러난 것이 1232년 12월, 금을 멸망시킨 것이 1234년 1월이니, 당시 몽골로서는 가장 중요한 전쟁에 집중하고 있었던 셈입니다. 고려는 몽골만 상대하면 되었지만, 몽골은 여러 나라와 전쟁하며 고려를 상대했다는 점도 기억할 필요가 있습니다. 어쨌든 몽골의 재침이 지연되면서 처인성 승리의 의미는 더욱 커졌고, 강화 천도를 단행한 최우의 권력도 한층 강화되었습니다.

몽골은 금을 멸망시킨 뒤 곧바로 남송과 전쟁을 시작했고, 고려에는 1235년 가을에 다시 군사를 보냈습니다. 몽골의 3차 침략입니다. 고려는 처인성 승리에서 얻은 자신감을 바탕으로 항전을 벌였고, 전쟁 중 협상을 시도하지도 않은 채 무려 4년이나 싸웠습니다.

3차 침략 시기에 몽골군은 고려에 오래 주둔하지 않고 봄이 되면 철수했다가, 가을이 되면 다시 공격하는 방식을 택했습니다. 몽골군 규모도 수십 기 또는 수백 기에 불과했지요. 고려와 본격적인 총력전을 벌이기보다는 긴장감을 유도하는 정도의 전략을 펼친 것으로 보입니다. 그렇다고 고려의 피해가 적었던 것은 아닙니다. 이때 황룡사 구층목탑이 불타 사라졌습니다.

결국 1238년 12월, 고려는 몽골에 사신을 보내 협상을 시도했습니다. 그 결과 몽골군이 철수했는데, 그 조건으로 고려는 1239년부터 공물을 바치기 시작했고, 1241년에는 왕족인 영녕공永寧公 왕준을 '툴루게禿魯花'라는 이름의 인질로 몽골에 보냈습니다. 당시 몽골은 '친조', 즉 고려 국왕이 직접 몽골에 와서 칸을 알현하라고 요구했지만, 고려는 이를 끝내 거부했지요. 강화도에서 나올 것도 요구했지만, 이 역시 거절했습니다. 이처럼 합의되지 않은 문제가 남아 있었기 때문에 전쟁은 아직 끝난 게 아니었습니다.

그런데 1241년 몽골의 우구데이 칸이 사망했습니다. 이후 후계자를 둘러싼 갈등이 무려 5년이나 계속되었습니다.

몽골의 침략과 주요 사건

구분	기간	몽골군 지휘관	주요 사건
1차	1231.8~1232.1	사르탁	1232년 7월 강화 천도
			1232년 12월 처인성 승리
2차	1232.8~1232.12	사르탁	1234년 금 멸망
3차	1235.윤7~1239.4	탕구트	1241년 우구데이 칸 사망
			1246년 구육 칸 즉위
4차	1247.7~1248.3	아무칸	1248년 구육 칸 사망
			1249년 최우 사망
5차	1253.4~1254.1	예쿠	1251년 뭉케 칸 즉위
6차	1254.7~1259.4	차라대	1258년 3월 최씨 정권 붕괴

1246년 우구데이의 아들 구육 칸(재위 1246~1248)이 즉위했지만, 2년 만에 사망하면서 또다시 3년간 칸이 없는 상태가 됩니다. 그러다 1251년 칭기스 칸의 막내아들인 툴루이의 아들 뭉케(재위 1251~1259)가 칸이 되었습니다.

몽골 칸이 자주 바뀌고, 그때마다 후계 싸움이 벌어진 덕분에 고려는 평화를 누릴 수 있었습니다. 1247년에 4차 침략이 있었지만, 다른 때보다 규모가 작았고 고려의 피해도 적었습니다. 그러다 1253년 몽골의 5차 침략이 시작되었고, 다음 해 지휘관을 바꿔 6차 침략이 이어졌습니다. 이후 1259년까지 전쟁이 끊이지 않았죠.

몽골의 침략을 분석해보면, 1~4차까지와 5·6차 때의 양상이 다릅니다. 1차부터 4차까지는 단기적인 전쟁이었죠. 대부분 7~8월, 그러니까 가을에 침략해서 다음 해 3월 이전, 또는 여름 이전에 철수했습니다. 3차 침략이 몇 해에 걸친 것처럼 보이지만, 실제로는 그사이 세 번이나 들락날락했죠. 고려를 점령할 생각은 없이 약탈하고 파괴하며 사람들을 죽이기만 했어요. 그에 반해 5차와 6차 침략은 정복전이었어요. 몽골군이 해를 넘기도록 돌아가지 않은 까닭에 고려 백성은 농사를 짓지 못해 큰 고통을 겪었습니다.

그렇다고 두 나라가 전쟁 내내 싸움만 한 것은 아니었습니다. 특히 고려는 몽골이 왜 침략했는지 그 이유를 찾으려고 애썼습니다. 그래야 항쟁 목표를 세우고, 협상을 통해 전쟁을 끝낼 수 있기 때문이죠. 당시 고려의 군사력으로는 최종 승리하거나 몽골을 멸망시킬 방법이 없었으니, 협상은 필수였습니다. 이 점은 지금도 여전히 궁금한 문제입니다. 몽골은 왜 고려를 침략했을까요?

몽골은 고려를 복종시키려 했습니다. 이런 의도가 바로 '투배'라는 말에서 드러나는데요, 처음 형제 맹약을 맺었을 때 고려는 몽골과 '강화'했다고 여긴 반면, 몽골은 고려가 자신들에게 투배했다고 보았습니다.

몽골이 말하는 투배는 단순히 공물을 바치는 데 그치지 않습니다. 고려 국왕이 직접 몽골에 와서 복종의 뜻을 밝히는 게 핵심이었습니다. 이를 '친조'라고 합니다. 물론 국왕이 친조한다고 해서 붙잡아두겠다는 뜻은 아니고, 복종을 공식적으로 확인하려는 것이었죠. 그 후에는 공물, 군대, 말, 수공업자 등을 계속 요구하는 식으로 종속 관계를 강화할 속셈이었던 것입니다.

몽골은 정복한 모든 나라에 친조를 요구했고, 고려에도 형제 맹약 직후부터 똑같은 요구를 했습니다. 그러나 고려는 이를 거부했죠. 국왕이 국경 밖으로 나간 전례가 없다는 게 이유였습니다. 이에 몽골도 한동안 친조 요구를 접었지만, 고려가 강화도로 천도하고 항전의 뜻을 굽히지 않자 다시 친조를 요구하기 시작했습니다.

하지만 고려로서는 몽골의 요구를 도저히 받아들일 수 없었습니다. 국왕이 직접 외국에 가서 항복하는 건 상상조차 할 수 없는 일이었죠. 대신 고려는 이전에 거란이나 금에 했던 것처럼 몽골에 사대하고 책봉-조공 관계를 수립해 전쟁을 끝내려 했습니다. 강화 천도를 논의할 때 유승단이 그런 주장을 했습니다.

고려로서는 당연한 전략이었지만, 문제는 상대가 그럴 생각이 전혀 없다는 데 있었습니다. 몽골은 애초에 책봉, 조공, 사대 같은 개념 자체를 알지 못했습니다. 그래도 고려는 몽골과의 궁극적인 관계를 책봉-조공 관계로 만들겠다는 목표를 두고, 침략을 받으면 싸우는 와중에도 협상을 멈추지 않았습니다.

몽골의 3차 침략 막바지였던 1238년 12월, 고려는 협상을 통해 1년에 두 차례 공물을 보내기로 했습니다. 그리고 1241년에는 왕준을 인질로 보냈죠. 몽골의 요구를 일부 받아들였지만 일방적인 수용은 아니었습니다. 몽골이 요구하는 대로 공물을 보내는 게 아니라, 고려가 자율적으로 정해서 보내는 방식이었죠. 형제 맹약 당시 몽골 사신이 직접 와서 받아가던 방식이나, 1차 침략 때처럼 금·은·의복 등을 말 1만~2만 마리에 실어 보내라고 요구한 것과는 크게 다르지요. 아마 협상을 통해 그런 조건을 정리한 것으로 보입니다.

왕준도 실은 왕자가 아니었습니다. 이 사실이 나중에 드러났는데, 왕준이 "제가 비록 왕의 아들은 아니지만, 왕께서 저를 아들처럼 아끼십니다"라고 말하자, 몽골은 그냥 넘어갔습니다. 몽골도 이 문제를 더 키우고 싶지 않았던 것이죠.

그러나 국왕의 친조는 끝내 이행하지 않았습니다. 몽골은 우선 국왕이 강화도에서 나올 것을 요구했는데, 고려는 이마저도 거부했죠. 이에 몽골은 최소한 강화도 밖에서 사신을 맞이하라고 요구했습니다. 1250년 고종이 몽골 사신을 맞이했는데, 강화도 북쪽 해안에 있는 제포궁梯浦宮에서였어요. 당연히 몽골은 불만을 표시했죠. 이에 1253년에는 강화도 맞은편에 있는 승천궐昇天闕까지 나와서 요구를 수용하는 성의를 보였습니다. 1232년 강화 천도 이후 국왕이 처음 섬 밖으로 나온 것이었지만, 거기까지였습니다.

1251년 뭉케 칸이 즉위한 뒤 고려에 대한 공세는 더 거세졌습니다. 특히 국왕의 친조를 강력하게 요구했는데, 고려는 태자의 입조入朝로 대신하겠다고 제안했습니다. 몽골 입장에서도 태자는 다음 국왕이 될 인물이니 수용할 수 있는 대안이었죠. 몽골이 수락하자 고려는 태자 대신 다른 왕자를 보내겠다고 다시 제안하고, 결국 긴 협상 끝에 1257년 둘째 왕자 안경공 왕창을 몽골로 보냈습니다.

고려의 협상은 약소국이 강대국을 상대할 때 어떤 전략을 구사해야 하는지를 보여주는 교과서입니다. 큰 나라와의 협상에서는 조금씩 양보하며 더 많은 것을 얻어내는 방식이 유효했던 것이죠. 몽골군의 철수를 조건으로 국왕이 강화도 북쪽 해안까지만 나가고, 이어 바다 건너 대안對岸까지 나가고, 국왕의 친조 대신 태자 입조를 제안하고, 또다시 태자 대신 왕자를 보낸 모든 과정이 고려의 절묘한 외교술이었습니다. 이런 협상 전략과 함께 고려는 끈질기게 항전을 이어가며 장기전을 펼칠 수 있었습니다.

몽골은 고려가 이렇게 오래 버티는 것에 놀랐습니다. 훗날 강화가 성사되어 고려 태자가 몽골에 갔을 때, 쿠빌라이는 고려를 "옛날 당 태종이 직접 정벌에 나섰지만 이루지 못한 나라"라고 했습니다. 몽골의 신하들 역시 "고려는 비록 소국이지만, 20여 년 동안 군대를 썼어도 아직 신하로 만들지 못했다"고 말했습니다. 고려의 끈질긴 항쟁이 고대 동북아시아의 강국 고구려를 연상케 한 것이죠.

그런데 여기서 한 가지 짚고 넘어갈 점이 있습니다. 고려가 장기전을 펼칠 수 있었던 것은 단지 용기나 결의 때문만은 아니었습니다. 기본적으로 방어 전략이 효과를 거두었기 때문입니다. 강화도로 수도를 옮기고, 육지 주민을 산성과 섬으로 대피시킨 산성·해도 입보책山城海島入保策이 성공의 밑바탕이 된 것이죠. 산 위의 성이나 바다의 섬으로 대피하면 몽골 기병이 공격하기 어려웠습니다. 몽골군의 약점을 간파한 전술이라고 할 수 있지요.

하지만 그 못지않게 중요한 건 몽골의 사정입니다. 특히 고려에 파견한 몽골군 병력의 규모가 중요합니다. 얼마나 되었을까요?

참고로 칭기스 칸 시절 몽골군의 총병력은 기병 약 10만 명 정도로 추산합니다. 1,000명 단위 부대, 즉 천호千戶가 108개 있었다고 하니까요. 당시 몽골 인구가 수십만 명에 불과했던 점을 감안하면 이 수치는 믿을 만합니다. 이 병력으로 중앙아시아, 중동, 러시아, 중국에 걸쳐 광범위한 전쟁을 치렀으니 고려에 신경 쓸 여력은 별로 없었을 겁니다.

몽골이 가장 고전했던 상대는 금과 남송이었고, 고려에 대해서는 비교적 제한적인 전쟁을 펼쳤습니다. 기록에 따르면 1218년 강동성에 침입한 적군은 몽골군이 1만 명, 동진군이 2만 명이었습니다. 1231년 1차 침략 당시 고려군이 격퇴한 몽골군 선발대는 8,000명 규모였습니다. 전체 병력 규모에 대해서는 잘 알려져 있지 않지만, 개별 전투에서 수백 기騎 혹은 수십 기 단위의 몽골군을 격퇴했다는 기록이 자주 나옵니다. 이를 통해 보면, 몽골은 대규모 병력을 한꺼번에 투입하기보다 소수의 기병 부대를 빠르게 이동시켜 피해를 입히며 협상을 유도하는 방식의 전쟁을 벌였을 겁니다. 비록 소수이긴 해도 위협적인 존재였지만, 병력 규모가 제한적이었다는 점에서 고려가 장기전을 펼칠 수 있는 여지가 생긴 것이죠.

결국 몽골은 고려를 침략하면서도 총력전을 벌이지는 않았습니다. 만약 총력전이었다면 훨씬 더 많은 병력을 파견하고, 수군을 동원해 강화도를 직접 공격했을 겁니다. '총력전을 펼치지 않았다'기보다는 그러지 못했다는 표현이 더 정확합니다. 금과 남송이라는 강적과 동시에 힘겨운 전쟁을 벌이는 상황에서 군사력을 고려에 집중하기란 어려웠던 것이죠.

사실 이것은 작은 나라가 큰 나라를 상대할 때 가질 수 있는 중요한 이점이기도 합니다. 작은 나라는 큰 나라 하나만 상대하면 되지만, 큰 나라는 여러 나라와 동시에 마주해야 하니까요. 그래서 대부분의 경우, 큰 나라는 작은 나라에 대해 제한적인 전쟁을 벌일 수밖에 없습니다. 고려는 바로 이 점을 잘 활용해 전쟁과 협상을 병행하며 장기전을 펼친 것입니다.

대몽 항쟁의 그늘, 민란과 반역

일반적으로 전쟁이 일어나면 온 국민이 일치단결해 싸울 거라고 생각하지만, 사실 그것은 희망 사항일 뿐입니다. 실제 역사에서는 그런 일이 거의 일어나지 않아요. 오히려 외부의 침략이 있으면 내부 갈등이 폭발하는 경우가 더 많습니다.

우리 근대사에서는 갑오농민전쟁이 좋은 예입니다. 전라도 고부에서 농민들이 민란을 일으켜 전주를 점령하자, 조정은 이를 진압하기 위해 청나라 군대를 끌어들였습니다. 그 바람에 청나라와 일본 군대가 한반도에 들어왔고, 결국 양국이 서로 전쟁을 벌였죠. 이른바 청일전쟁입니다. 조선에서 영향력을 확대하려던 청과 갑신정변 이후 조선에서 쫓겨나 세력을 만회할 기회를 노리던 일본에 조선 조정이 스스로 틈을 만들어준 셈입니다.

몽골과의 전쟁도 다르지 않았습니다. 전쟁 중에 산적들까지 나서서 몽골군과 싸우기도 했지만, 계급 갈등도 나타났습니다. 대표적 예가 1232년 1월, 몽골의 1차 침략 직후 충청도 충주에서 일어난 관노들의 난입니다.

고종 19년(1232) 1월 충주에서 관노들이 난을 일으켰다. 이보다 앞서 충주부사 우종주와 판관 유홍익 사이에 불화가 있었는데, 몽골군이 당도한다는 말을 듣고 성을 지킬 것을 의논하는데도 의견이 달랐다. 우종주는 양반별초兩班別抄를 거느리고, 유홍익은 노군奴軍·잡류별초雜類別抄를 거느리고 서로 질시하였다. 몽골군이 이르자 우종주·유홍익과 양반들은 모두 성을 버리고 달아나고, 노군과 잡류가 힘을 합쳐 몽골군을 격퇴하였다. 몽골군이 물러가자 우종주 등이 돌아와 관가와 사가의 은그릇을 점검하였다. 노군은 몽골군이 약탈해갔다고 했지만, 호장戶長 광립 등이 노군의 우두머리를 죽이려고 하였다. 관노들이 이를 알고 서로 모의하기를 "몽골군이 오자 모두 달아나 숨고 지키지 않더니, 어찌하여 몽골 사람이 약탈한 것을 우리에게 죄를 뒤집어씌워 죽이려고 하는가. 어찌 먼저 도모하지 않겠는가”라고 하였다. 그러고는 무리를 모아 광립 등 주모자의 집에 불을 지르고 평소 원망이 있던 부유하고 힘 있는 사람들을 찾아내 남김없이 죽였다. _《고려사》〈열전 이자성〉

충주는 몽골군이 경상도로 진입할 수 있는 길목에 위치했습니다. 몽골군이 공격하자 지배층은 모두 도망치고 노군과 잡류 같은 하층민만 남아서 성을 지켰습니다. 그런데 몽골군을 격퇴하고 나자 도망쳤던 지배층이 돌아와 성을 지킨 사람들을 오히려 처벌하려 했고, 이에 분개한 노비들이 난을 일으킨 것이죠.

이 사건은 충주성 내부의 일이므로 진압하면 그만이지만, 이런 일이 전국으로 퍼진다면 사정은 달라집니다. 민란은 대개 민중의 불만이 팽배하고, 중앙정부의 통치력이 약화한 틈을 타 일어나기 마련입니다. 전쟁은 그 통치력을 약화시키므로 오히려 민란이 일어날 수 있는 조건이 만들어지는 셈이죠. 실제로 몽골 침략 전후로 두 가지 중요한 사건이 벌어졌습니다.

고종 4년(1217) 6월 군졸 최광수가 서경(평양)에서 난을 일으키

고 스스로를 고구려흥부병마사高句麗興復兵馬使 금오위섭상장
군金吾衛攝上將軍이라고 불렀다. 보좌관을 임명하고, 정예한 군
사를 불러 모은 뒤 북계의 여러 성에 격문을 돌리고 장차 큰일
을 일으키고자 여러 신사에 기도하였다. _《고려사절요》

1217년이면 아직 몽골의 침략이 시작되기 전입니다. 하지
만 그 전해에 거란 유종이 침입해 한창 전투가 벌어지고 있
었죠. 당시 고려 조정은 평양에서 군대를 출전시키려 했는데,
이때 최광수라는 군졸이 고구려흥부병마사를 자처하며 군
인들과 함께 반란을 일으켰습니다. 반란은 가까스로 진압되
었지만, 여기서 중요한 점은 전쟁으로 인해 통치력이 약화한
틈을 타 고구려 부흥을 내건 민란이 일어났다는 사실입니다.
이런 일도 있었습니다.

고종 24년(1237) 1월 전라도지휘사 김경손이 초적 이연년을 쳐
서 평정하였다. 이때 이연년 형제가 원율·담양 등 여러 고을의
무뢰배들을 모아 해양(광주)의 주현들을 공격하여 함락시켰다.
_《고려사》〈열전 김경손〉

초적 이연년이 무뢰배들을 모아 민란을 일으킨 것을 진압
했다는 기록입니다. 사료에는 이연년이 '백적도원수百賊都元帥'

를 자칭했다고 기록돼 있는데, 백적은 보통 백제를 비하할 때 쓰는 표현이므로 실제로 그렇게 불렀을 가능성은 낮습니다. 아마도 '백제도원수'를 기록한 사람이 고쳐 쓴 것으로 보입니다.

이 민란은 진압된 시기만 1237년 1월로 밝혀져 있을 뿐 언제 일어났는지는 알려져 있지 않습니다. 만약 1년 만에 진압된 것이라면 발발 시점은 1236년, 2년 만이라면 1235년이 되겠죠. 그런데 몽골군이 전라도 지역에 처음 진입한 것이 1235년입니다. 그렇다면 몽골의 침입으로 지역 치안이 무너지자, 그 틈을 타 민란이 일어났다는 추정이 가능합니다.

이처럼 외침을 당하면 그 혼란을 이용해 민란이 발생하곤 했습니다. 게다가 전쟁이 길어지면서 민심 이반 현상도 나타났습니다. 다음의 기록은 전쟁이 발발하고 25년 뒤의 일입니다.

고종 43년(1256) 2월 이달에 몽골군 때문에 6도에 선지사용별감宣旨使用別監을 파견하는 것을 중지하였다. 이때 사신으로 가는 사람들이 백성들로부터 함부로 거두어 은총을 받으려 하였으므로, 백성들이 매우 괴로워하여 몽골군이 이르는 것을 오히려 반겼다. _《고려사절요》

선지사용별감은 왕명을 받고 지방에 파견된 관리로, 세금을 과도하게 거두어 실적을 쌓으려 했습니다. 이 때문에 극심한 고통을 겪은 백성들은 오히려 몽골군을 반겼다고 합니다.

실제로 몽골에 항복한 사람들도 있었습니다. 이런 일은 전쟁이 시작된 뒤로 내내 반복되었고, 몽골은 그런 사람을 우대하며 더 많은 항복을 유도했습니다. 결과적으로 강화도에 들어가 있던 고려 조정은 몽골군과 싸우는 동시에 육지 백성들의 이탈을 막아야 하는 이중의 부담을 안게 되었습니다.

이런 상황에서 고려가 채택한 산성·해도 입보책은 묘수였습니다. 몽골 기병과 싸우기 위해 산성과 섬으로 대피할 수밖에 없었지만, 그럼으로써 백성들이 항복하지 못하게 하고, 동시에 몽골군과 싸우도록 하는 일거양득의 전술이었던 것이죠.

하지만 5차 침략 때부터는 상황이 달라졌습니다. 몽골군이 해를 넘겨도 철수하지 않는 전술로 전환하자, 항복하는 사람이 늘어나기 시작한 것입니다. 당시 철원에 있던 동주산성에서는 이런 일이 있었습니다.

고종 40년(1253) 8월 동주산성 방호별감防護別監 백돈명이 백성들을 입보시키고 출입을 금하였다. 동주의 향리가 "벼를 수확하지 못했습니다. 적병이 아직 이르지 않았으니 교대로 나가서 수확하게 해주십시오"라고 말했다. 백돈명이 이 말을 들어주지 않고 오히려 그 향리를 죽였다. 사람들이 원망하면서 모두 백돈명을 죽이고 싶어 하였다. 몽골군이 성 아래 이르자 백돈명이 정예병 600명을 내어 항전하였으나 사졸들이 싸우지 않고 도망쳤다. 몽골군이 성문을 뚫고 들어와 백돈명과 관리들을 죽이고, 부녀자와 남자아이들을 포로로 잡아서 돌아갔다.

_《고려사절요》

백돈명白敦明은 방어 책임자로서 원칙에 따라 행동한 것입니다. 추수하겠다며 성 밖으로 나간 백성이 다시 돌아오지 않을 수도 있기 때문이죠. 하지만 백성에겐 절박한 사정이 있었습니다. 당시는 음력 8월 추수철이었는데, 수확을 하다 말고 산성으로 피신한 상황이라 식량이 거의 없었을 겁니다. 그래서 몽골군이 도착하기 전에 나가서 곡식을 수확하자고 했던 것인데, 백돈명이 허락하지 않고 향리를 죽이자 민심이 돌아선 거죠. 결국 사람들이 싸우지 않고 도망치는 바람에 성은 쉽게 함락당하고 말았습니다.

이 사건은 누구의 잘잘못을 따지기 전에 산성·해도 입보책의 근본적 한계를 드러냅니다. 몽골군이 장기 주둔하면서 농사를 짓지 못하게 되면 결국 성안에서 굶어 죽을 수밖에 없다는 것이죠. 이보다 더 충격적인 사건이 동북면의 국경 지역에서 발생합니다.

고종 45년(1258) 10월 고주·화주·정주 등 15개 주 사람들이 저도猪島에 옮겨 살고 있었는데, 동북면병마사 신집평이 저도는 섬이 넓고 사람이 적어 지키기 어렵다며 죽도竹島로 옮기게 하였다. 죽도는 섬이 좁고 우물이 없었으므로 사람들이 옮기려 하지 않자, 신집평이 강제로 몰아서 들어가게 하였다. 사람들이 많이 도망해 흩어지고 옮긴 사람은 10명 중 2,3명뿐이었다. (…) 12월에 용진현 사람 조휘와 정주 사람 탁청 등이 모의하여 몽골군을 이끌고 와 신집평을 죽이고 화주 이북 땅을 들어 몽골에 항복했다. 몽골은 화주에 쌍성총관부를 두었다.

_《고려사절요》

이 사건도 무리한 입보 정책에 대한 백성의 불만이 폭발한 것입니다. 식수도 없는 좁은 섬으로 들어가라는 지시에 집단 반발한 것이죠. 그런데 이번에는 동주산성 때와는 양상이 크게 달랐습니다. 사람들이 몽골에 항복한 뒤 지방관을 죽인 겁니다. 그러자 몽골은 그 지역에 쌍성총관부雙城摠管府라는 지방 관청을 설치하고 몽골 영토로 편입했습니다. 즉, 고려가 영토 일부를 빼앗긴 것이지요.

이 사건은 고려 조정에 큰 충격을 안겼을 것입니다. 산성·해도 입보책이 한계를 드러냈기 때문입니다. 여기에 더해 몽골이 쌍성총관부를 설치해 그곳을 자국 영토로 삼은 것은 훨씬 더 큰 충격이었겠지요. 이런 일이 반복되면 육지 영토를 점점 상실해, 강화도를 지킨들 소용이 없다는 판단에 이르렀을 겁니다. 이대로라면 극단적으로 축소된 '강화도국'으로 전락할 수도 있었으니까요. 쌍성총관부 설치를 계기로 고려 조정의 협상 태도가 눈에 띄게 달라졌습니다.

화주 이북이 몽골 영토로 편입된 직후인 1258년 12월 29일, 고려는 몽골에 사신을 보내 협상에 나섰습니다. 그런데 그 내용이 파격적이었어요. 몽골군이 철수하면 고려도 강화도에서 나오겠다고 제안한 것입니다. 이때 사신이 가져간 국서에는 다음과 같은 내용도 담겨 있었습니다. "지금까지 몽골에 저항했던 것은 최씨 정권 때문이었으나, 이제 최의崔竩를 제거했으니 몽골에 사대의 정성을 다하겠습니다." 그에 앞서 1258년 3월, 정변이 일어나 무신 집정 최의가 살해당했습니다.

정변이 성공한 데는 몇 가지 이유가 있었습니다. 첫째는 최의의 개인적 역량 부족이고, 둘째는 최우에서 최항, 다시 최의로 권력이 세습되면서 집권 세력 내부의 갈등으로 정권의 기반이 크게 약화됐습니다. 셋째는 최씨 정권이 몽골의 침략에 효과적으로 대응하지 못했기 때문입니다.

몽골에서는 1251년 뭉케 칸이 즉위하면서 오랜 공위 상태를 끝내고 고려를 압박하기 시작했습니다. 이때부터 몽골군은 단순히 침략하는 수준이 아니라 장기 주둔했고, 병력도 대폭 증강했습니다. 그 결과 고려는 막대한 피해를 입었죠.

《고려사》1254년 기사에는 "이해에 몽골군에 사로잡힌 남녀가 무려 20만 6,800여 명이나 되고 살육당한 사람은 헤아릴 수 없으며, 몽골군이 지나간 모든 고을이 불탔다. 몽골의 난리가 시작된 이래 이보다 심한 적은 없었다"라는 내용이 있습니다. 당시 고려의 인구가 천만 명도 안 되었던 점을 감안하면, 한 해에 20만 명 이상이 포로로 잡혔다는 것은 다소 과장된 수치일 수 있습니다. 그러나 전쟁 이후 가장 큰 피해를 입었다는 사실만큼은 부정할 수 없지요. 더구나 그다음 해부터는 피해가 더 커졌을 수도 있습니다.

뭉케 칸은 고려에 대한 공격을 강화하는 동시에 항복 조건은 완화했습니다. 국왕 친조를 고집하지 않고, 대신 국왕이 강화도 밖으로 나와 몽골 사신을 맞이하고, 태자가 입조하면 전쟁을 끝내겠다는 조건을 제시한 것이죠. 전형적인 채찍과 당근 전략이었습니다.

그러나 항전을 주도하던 최씨 정권은 몽골의 전술에 제대로 대응하지 못했습니다. 협상이 지연되는 사이 피해는 점점 더 커졌고, 자연히 최씨 정권에 대한 불만도 고조되었지요. 그런 상황에서 유경과 김준이 정변을 일으켜 최의를 제거하고 권력을 잡은 뒤, 몽골과의 협상에 적극 나서게 된 것입니다.

지금까지는 "항전을 고집하던 최씨 정권이 무너졌기 때문에 강화가 성립되었다"고 설명하는 경우가 많았지만, 저는 이렇게 보는 것이 더 정확하다고 생각합니다. "항전론이 현실적 의미를 상실했기 때문에 항전을 고집하던 최씨 정권이 무너지고 강화가 성립되었다." 인과관계가 바뀐 것이죠.

전쟁을 멈추고 몽골과 협상해야 한다고 주장한 쪽은 대부분 문신 관료였습니다. 최우가 강화 천도를 결정하는 자리에서 문신 유승단이 몽골에 사대해서 전쟁을 피하자고 주장했는데, 이후 문신들은 최우의 강경한 항전론에 눌려 자기 의견을 내지 못하다가 전쟁 말기에 이르러 다시 목소리를 내기 시작했습니다.

강화를 결정한 이후에도 항전론자들이 여전히 반대하자, 문신 최린은 "강화도 하나를 지킨다 한들 어찌 그것을 나라라 하겠습니까?"라며 현실적 문제를 지적했고, 문신 최자 역시 "강화도는 땅은 넓고 사람은 적어 지키기 어려우니 차라리 나가서 항복하는 것이 옳습니다"라며 강화론을 펼쳤습니다. 정변을 일으킨 유경도 문신이었습니다. 결국 이들의 주장이 현실적 대안으로 받아들여졌고, 1259년 4월 21일 고려 태자가 몽골을 향해 출발하면서 무려 28년에 걸친 긴 전쟁이 마침내 막을 내렸습니다.

고려 태자와 쿠빌라이, 운명을 바꾼 만남

1259년은 고려에 운명의 해였습니다. 대몽 항쟁의 의미가 무엇이냐고 묻는다면, 바로 1259년까지 항복하지 않고 버틴 것이라 말할 수 있을 정도로 중요한 해였지요. 그해 4월, 고려 태자(훗날 원종)가 몽골로 출발했습니다.

태자는 뭉케 칸을 만나기 위해 육반산으로 향했습니다. 육반산은 지금의 중국 닝샤후이족자치구 구위안시 부근에 있는 산으로, 뭉케 칸이 남송을 공격하기 위해 군대를 이끌고 주둔하고 있었습니다. 태자가 요양(지금의 랴오양)과 연경(지금의 베이징)을 지나 경조부(지금의 시안)에 도착할 무렵, 본국에서 고종이 세상을 떠났다는 소식을 들었습니다.

그 순간, 태자는 망설였을 겁니다. 가던 길을 계속 갈 것인가, 아니면 고려로 돌아가 왕위를 계승할 것인가. 당시 고려는 최씨 정권이 무너졌다고는 해도 김준이 새로운 무신 정권을 이끌고 있었으므로 왕위 계승을 안심할 수 있는 상황이 아니었습니다. 그럼에도 태자는 경조부에서 3일간 상을 치른 뒤, 길을 재촉해 뭉케 칸에게 가기로 결정했습니다. 몽골과의 강화가 더 중요하다고 판단한 것이죠.

하지만 뜻밖의 일이 벌어졌지요. 태자가 육반산으로 가는 도중 이미 사천성 조어산으로 이동했던 뭉케 칸이 그곳에서 사망한 것입니다. 태자는 만나야 할 상대를 잃은 셈이죠.

설상가상으로 뭉케 칸 사후, 몽골은 혼란에 휩싸였습니다. 그의 두 동생 쿠빌라이와 아릭부케가 칸 자리를 두고 경쟁을 벌였고, 곧 몽골 전역이 이 싸움에 휘말렸습니다. 그런 불확실한 상황에서 태자가 곧바로 귀국하지 않고 사태를 관망하기로 한 것도 쉬운 결정은 아니었을 겁니다.

뭉케 칸이 사망할 당시, 아릭부케는 수도 카라코룸에 있었고 쿠빌라이는 남송과 전투 중이었습니다. 이런 경우라면 수도에서 황족 및 귀족들과 함께 있던 아릭부케가 칸을 계승하는 것이 몽골의 관례에 맞았겠지요. 하지만 문제는 쿠빌라이가 강력한 군사력과 야심을 갖고 있었다는 점입니다.

쿠빌라이는 악주(지금의 후베이성 우창)에서 전투를 서둘러 마무리한 뒤, 동생과 싸우기 위해 군대를 이끌고 북상했습니다. 그래서 이 사건은 종종 '쿠빌라이의 반란'으로 불리기도 합니다. 그런데 쿠빌라이가 개봉을 지나던 길에 고려 태자와 마주칩니다. 그 시점이 윤11월 초이니 태자가 뭉케 칸의 부음을 듣고 거의 4개월 가까이 그곳에 머물렀던 셈입니다. 《고려사》는 당시의 상황을 이렇게 기록했습니다.

> 왕이 육반산에 도착하니 헌종(뭉케)은 이미 붕어했고, 아릭부케가 군대를 삭방朔方에 배치하고 있어 제후들은 누구를 따라야 할지 모르고 있었다. 그때 황제皇弟 쿠빌라이가 강남에서 군세를 과시하고 있었다. 왕은 남쪽으로 방향을 돌려 험한 길을 거쳐 '양초지교梁楚之郊'에 이르렀는데, 마침 황제가 양양에서 군대를 돌려 북상하고 있었다. (…) 왕이 길가에서 [쿠빌라이를] 알현하였다. _**《고려사》〈세가 원종〉**

여기서 말하는 '왕'은 당시 태자였던 원종을 가리킵니다. 훗날 원종이 즉위한 뒤의 기록이기 때문에 '왕'이라고 기록한 것이지요. 또 '양초지교'는 개봉 근처로 알려져 있습니다. 이 기록을 보면 제후들, 즉 몽골 귀족들조차 쿠빌라이와 아릭부케 사이에서 누구 편에 설지 몰라 우왕좌왕하고 있는데,

쿠빌라이 칸의 초상 ㅣ 쿠빌라이 칸 사후에 그려진 궁정 초상화이다. 타이베이 고궁박물원 소장.

고려 태자가 쿠빌라이를 찾아가 만났다는 사실을 알 수 있습니다.

태자가 쿠빌라이를 만난 것이 치밀한 정세 판단의 결과였는지, 아니면 우연이었는지 연구자들의 의견이 엇갈립니다. 그러나 그 넓은 중국 땅에서, 게다가 쿠빌라이가 지나가는 시간에 고려 태자가 우연히 그곳에 있었을 가능성은 매우 희박하다고 봐야겠지요.

이제 쿠빌라이의 입장에서 생각해볼까요. 형 몽케 칸이 갑자기 죽고, 자신은 남송과의 전투를 접은 채 동생 아릭부케

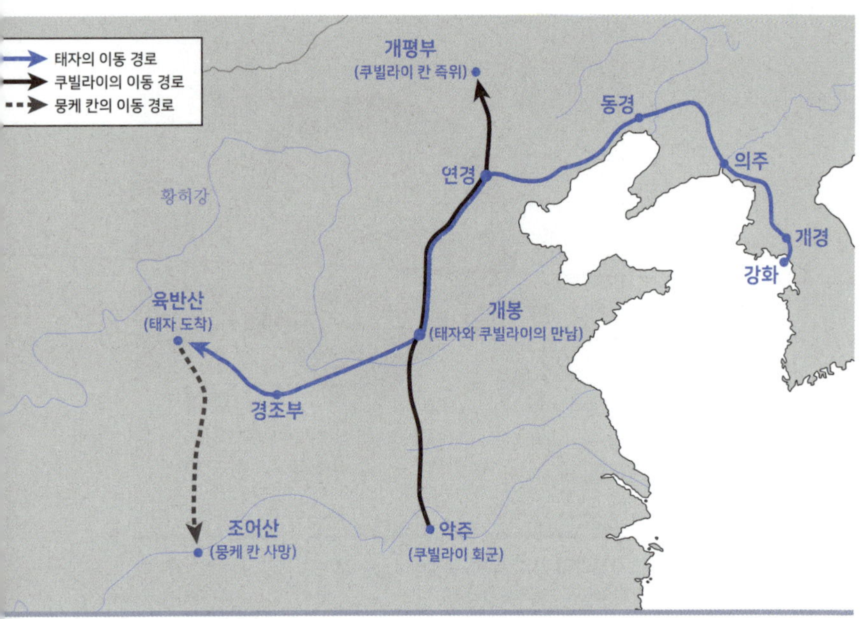

고려 태자의 여정 | 고려 태자는 뭉케 칸이 머물던 육반산으로 향했으나, 뭉케가 남송과의 전투를 위해 조어산으로 이동했다가 그곳에서 사망했다. 당시 악주에서 남송군과 싸우고 있던 쿠빌라이는 칸위에 오르기 위해 북쪽으로 진군했고, 태자는 개봉 근처에서 그를 만나 연경까지 동행했다.

와 싸우러 군대를 이끌고 북상하던 중이었습니다. 쿠빌라이에게는 확실한 명분도 없었고, 내전에서 승리하리라는 보장도 없었어요. 그런데 이때 뜻밖의 호재가 생긴 겁니다. 무려 30년 동안 몽골의 공격에도 항복하지 않았던 고려의 태자가 자신을 찾아왔으니까요. 쿠빌라이는 이 상황을 어떻게 활용할지 생각했을 겁니다. 고려 태자와 만난 자리에서 쿠빌라이가 한 말이《고려사》에 이렇게 기록되어 있습니다.

> 고려는 만 리나 되는 큰 나라다. 옛날 당 태종이 친정했으나 이루지 못했는데, 지금 그 세자가 스스로 내게 왔으니 이는 하늘의 뜻이다. _**《고려사》〈세가 원종〉**

기쁨이 지나쳤던 걸까요. 쿠빌라이는 고려를 "만 리나 되는 큰 나라"라고 치켜세우고, 당 태종의 침공을 막아낸 고구려와 동일시했죠. 정말로 그렇게 믿었을 수도 있겠지만, 이 말의 핵심은 따로 있습니다. 고려 태자가 자신을 찾아온 것이 '하늘의 뜻'이라는 점을 강조하고 싶었을 겁니다. 고려가 강대국일수록 그 나라의 태자가 자신을 선택했다는 사실이 대내적으로든 대외적으로든 선전 효과가 컸을 테니까요.

개봉 근처에서 쿠빌라이를 만난 고려 태자는 그와 동행했습니다. 윤11월 20일 연경(북경)에 도착해 그곳에서 겨울을 났죠. 쿠빌라이 쪽에서도 고려 태자를 예기치 않게 만난 터라 고려에 대한 정책을 미리 준비해두진 못했을 겁니다. 그래서 곧바로 귀국시키지 않고 동행하며 시간을 벌었던 것이겠죠. 게다가 아릭부케와 내전을 앞둔 상황이니 고려 문제를 깊이 논의할 여유도 없었을 겁니다. 결국 해를 넘긴 1260년 초, 쿠빌라이는 측근 두 사람과 함께 고려 문제를 논의하고 결정했습니다. 다음은 이와 관련된 기록입니다.

강회선무사江淮宣撫使 조양필이 황제皇弟(황제의 동생, 쿠빌라이)에게 말하기를 "고려는 비록 소국이나 산과 바다로 가로막혀 우리가 무력을 쓴 지 20여 년이 지났지만, 아직 신하로 만들지 못했습니다. 지난해에 태자 왕전王倎이 왔는데, 마침 황제皇帝(뭉케 칸)께서 서쪽으로 정벌을 나가시는 바람에 체류한 지 2년이 되었습니다. 대접이 소홀하여 그 마음을 어루만지지 못했으니 한번 돌아가면 다시 오지 않을 것입니다. 그러니 숙소와 음식을 후하게 해서 번왕의 예로 대접하십시오. 그 아비가 이미 죽었다고 하니, 왕전을 세워 국왕으로 삼아 귀국시킨다면 반드시 은덕에 감사하고 신하의 직분을 다할 것입니다. 이것은 한 명의 병사를 수고롭게 하지 않고 한 나라를 얻는 일입니다"라고 하였다. 섬서선무사陝西宣撫使 염희헌도 그렇게 말하니 황제가 그렇게 여겼다. _**《고려사》〈세가 원종〉**

쿠빌라이는 고려 태자를 인질로 잡지 않고 귀국시키며, 마침 고려 국왕이 사망한 만큼 태자를 후계자로 세우기를 결정했습니다. 이는 고려가 30년에 걸친 항쟁을 통해 이루고자 했던 '국가의 유지'가 실현된 순간이라 할 수 있습니다.

참고로 조양필趙良弼과 염희헌廉希憲은 몽골인이 아닙니다.

조양필은 여진족으로 금나라 말기에 과거에 급제해 진사가 되었고, 염희헌은 위구르족으로 어려서부터 《맹자》 같은 유학 경전을 공부했다고 합니다. 즉, 이들은 모두 중국 문화에 익숙했고, 자신들이 알고 있는 국제 관계의 틀 안에서 쿠빌라이에게 고려 문제의 해결 방법을 건의했던 것이죠. 태자를 번왕으로 대우한다든가, 죽은 고려 국왕에 이어 태자를 즉위시킨다든가, 한 명의 병사도 수고롭게 하지 않고 한 나라를 얻는다든가 하는 것이 모두 그 연장선에 있습니다.

쿠빌라이가 택한 정책은 몽골식 정복 방식이 아니라, 중국의 전통 책봉-조공 관계였습니다. 다만 이 시점에서는 쿠빌라이가 아직 칸에 즉위하지 않았기 때문에 공식적으로 '책봉'이라는 표현은 사용하지 않은 것으로 보입니다.

쿠빌라이가 이런 결정을 내린 데는 조양필과 염희헌의 건의만 있었던 건 아닐 겁니다. 내전을 앞둔 쿠빌라이가 장차 칸이 된 이후의 큰 그림을 그렸을 수도 있고, 동행하던 고려 태자의 외교 활동도 중요한 역할을 했을 가능성이 큽니다. 아무리 정세가 불확실하다 해도, 고려의 운명을 좌우할 이 중요한 순간에 태자가 아무 행동도 하지 않았을 리는 없으니까요. 더욱이 쿠빌라이가 태자의 방문을 '하늘의 뜻'이라며 정치적으로 활용하려 했던 만큼 적극적인 외교 활동도 충분히 가능했을 겁니다.

결국 쿠빌라이에 의해 고려 국왕으로 승인받은, 더 정확히 말하면 전쟁을 끝내고 고려의 존속을 약속받은 태자는 다루가치 쉬리다이의 호위를 받으며 귀국했고, 곧 즉위했습니다. 그가 바로 원종(제24대, 재위 1259~1274)입니다. 이후 쿠빌라이가 칸에 즉위하고 아릭부케와의 내전에서도 승리하면서 태자와 한 약속은 그대로 지켜졌습니다.

이제 고려는 쿠빌라이 칸을 상대로 구체적인 협상에 들어갔습니다. 그 내용은 1260년 6월, 몽골에서 고려로 보낸 쿠빌라이 칸의 조서에서 확인할 수 있습니다. 쿠빌라이는 "너희가 요청한 여섯 가지를 모두 허락한다"며 다음과 같은 내용을 전했습니다.

① 의관은 본국의 풍속에 따르고, 위아래가 모두 고치지 말라.

② 사신은 몽골 조정에서만 보내고 나머지는 금할 것이다.

③ 개경으로 환도하는 시기는 고려 조정에서 결정하라.

④ 가을까지 군대를 압록강으로 철수시킬 것이다.

⑤ 다루가치 일행은 모두 돌아오도록 명하였다.

⑥ 자원하여 몽골에 의탁한 자 10여 명은 마땅히 조사할 것이며, 앞으로 이처럼 머물려는 자는 허락하지 않겠다.

①에서 의관衣冠은 옷과 모자라는 뜻으로, 고려의 풍속을

의미합니다. 이를 고치지 말라는 것은 예를 들어, 몽골식 변발을 강요하거나 호복을 입게 하지 않고, 고려의 풍속을 그대로 지키도록 하겠다는 것입니다.

②는 몽골의 여러 세력이 제각각 사신을 보내지 못하도록 외교 창구를 단일화하고, 국가 간 일대일 외교 관계를 유지하겠다는 것입니다.

③은 강화도에서 개경으로 수도를 옮기는 데 필요한 시간을 주겠다는 것이고, ④는 고려에 주둔하고 있는 몽골군을 그해 가을까지 압록강 밖으로 철수시키겠다는 약속입니다.

⑤는 원종이 귀국할 때 호위를 맡았던 다루가치 쉬리다이를 본국으로 복귀시키겠다는 것이고, ⑥은 전쟁 중 몽골에 항복한 고려 사람 10여 명에 대해서는 조사를 해봐야겠지만, 앞으로는 그런 일이 없도록 하겠다는 내용입니다. 이는 아마도 고려가 항복자 명단을 제시하며 돌려보낼 것을 요구했고, 몽골은 이를 거절하면서 앞으로 그런 일이 재발하지 않도록 하겠다고 응답한 것으로 보입니다.

몽골은 고려의 요구를 모두 수용했습니다. 그중에서도 가장 중요한 것은 의관을 고려의 풍속대로 해도 좋다는 것입니다. 고려가 여섯 가지 요구 중 가장 먼저 이를 언급했기 때문에 몽골의 답변서에서도 첫 항목으로 다뤘을 겁니다.

이 표현은 이후 불개토풍不改土風, 즉 "토풍을 바꾸지 않는

다”는 말로 정리됩니다. 토풍은 단순한 풍속을 넘어 나라 이름과 왕실, 각종 제도까지 포함하는 개념입니다. 즉, 토풍을 그대로 유지한다는 것은 고려라는 국가 자체를 인정한다는 뜻이지요. 그래서 후대의 고려 사람들은 이때의 성과를 두고 “토풍을 고치지 않음으로써 종묘사직을 유지했다”고 평가했습니다.

그때까지 몽골은 전쟁에서 승리하고도 상대를 그대로 존속시킨 채 국가 대 국가의 관계를 맺은 사례가 없었습니다. 대부분 자기 영토로 편입한 뒤 관리를 파견해 직접 통치하거나, 최소한 감독관을 보내 간접적으로 다스렸죠. 그러나 고려는 달랐습니다. 고려는 국가를 유지하기 위한 전략으로 강대국과 책봉-조공 관계를 맺어왔고, 이 방식을 몽골에도 적용하는 데 성공한 것입니다. 어떻게 보면 몽골이 고려를 통해 책봉-조공 관계의 개념을 처음 알게 되었다고도 할 수 있겠지요. 30년에 걸친 전쟁을 통해 몽골이 책봉-조공 관계를 이해하도록 만들고, 그 방식을 고려에 적용하게끔 유도한 셈입니다. 1259년까지 항전하며 버텼기 때문에 가능한 일이었습니다.

몽골의 내전은 쿠빌라이의 승리로 끝났습니다. 그의 승리 비결은 주치 울루스, 차가다이 울루스, 훌레구 울루스의 협력에 있었습니다. 이들의 지지를 얻기 위해 쿠빌라이는 각 울루스의 자치권을 인정했습니다. 그 결과 몽골제국은 네 개의 울루스로 분할되었고, 그중 가장 중요한 울루스, 즉 몽골 본토와 이미 정복한 중국 북부 그리고 앞으로 점령할 남송 지역은 쿠빌라이 울루스, 즉 쿠빌라이 칸의 직할 영토가 됩니다.

쿠빌라이 울루스는 영토 대부분이 옛 중국 땅이었습니다. 적은 수의 몽골족으로 이 넓은 지역을 어떻게 통치할지가 쿠빌라이 칸의 큰 고민이었겠지요. 그는 참모들의 건의를 받아들여 '이한법치한지以漢法治漢地', 즉 "중국 땅은 중국 법으로 다스린다"는 원칙을 세웠습니다. 몽골 법이 아니라 중국의 법률과 제도를 적용하기로 한 것이죠.

이러한 '한법' 수용의 시작이 바로 고려와 책봉-조공 관계를 맺은 일이었습니다. 쿠빌라이는 중국 역대 왕조처럼 '중통中統'이라는 연호를 사용하고, 중서성·추밀원·어사대 같은 중국식 관청을 설치했습니다. 한법 수용의 절정은 나라 이름을 '대원大元'이라고 고친 것입니다. 몽골족이 한문으로 나라 이름을 정한 것도 이례적이지만, 그 국호가 중국 고전《역경易經》의 "크도다, 건원이여!大哉乾元"에서 유래했다는 것은 더욱 놀라운 일이었습니다. 중국 문화와 가장 거리가 먼 몽골이 역대 중국 왕조에서도 보기 드문 형이상학적 국호를 선택한 것이니까요.

쿠빌라이의 한법 수용을 보며 고려는 몽골이 과거 거란이

나 여진처럼 중국 왕조가 되려는 것으로 받아들였을 겁니다. 몽골이 고려의 국가 존속을 약속하고 불개토풍을 수용했을 때도 고려는 자연스럽게 이것이 책봉-조공 관계의 성립을 의미한다고 여겼겠지요.

쿠빌라이 칸의 중국식 외교 정책은 고려에서 그치지 않았습니다. 몽골은 베트남에도 불개토풍을 약속했어요. 1260년 안남국(베트남)에 보낸 문서에는 다음과 같은 내용이 담겨 있습니다.

> 본국의 풍속은 일체 구제舊制에 의할 것이며, 반드시 고칠 것은 없다. 하물며 요사이 고려가 사신을 보내와 청해서 이미 조서를 내렸으니, 모두 이 예에 의할 것이다. _**《고려사》〈세가 원종〉**

그러니까 베트남에 대해서도 고려와 마찬가지로 '구제', 즉 옛 제도를 고치지 않겠다고 약속한 것이지요. 또 비슷한 시기에 몽골은 일본에도 국서를 보내 책봉-조공 관계를 수용하라고 요구했습니다. 쿠빌라이는 고려 태자와 처음 책봉-조공 관계를 성립시킨 경험을 바탕으로, 그걸 일본과 베트남에도 적용해 전쟁 없이 복속시키려 한 것입니다. 이들 나라에는 공통점이 있었습니다. 모두 과거 중국 왕조와 책봉-조공 관계를 맺었거나, 적어도 그에 대해 잘 아는 나라라는 점입니다.

그런데 고려는 몽골과 무려 30년이나 전쟁을 치렀지만, 일본과 베트남은 몽골과 싸운 경험이 없습니다. 그런 상황에서 갑작스레 책봉-조공 관계를 요구받으면 어떻게 반응할까요? 당연히 거부하겠지요. 그 때문에 몽골은 일본을 두 차례, 베트남을 세 차례 침략했지만 모두 실패했습니다. 몽골이 더 이상의 침략을 포기하면서 이 두 나라는 몽골과 공식 관계를 맺지 않는 상태로 남게 되었습니다. 결국 몽골과 책봉-조공 관계를 맺은 나라는 고려뿐이었습니다.

고려의 외교는 대성공이었습니다. 30년에 걸친 몽골과의 전쟁에서 비록 패배했지만, 애초의 목표였던 책봉-조공 관계를 성립시켰고, 그것도 몽골 역사상 최초의 사례라는 점에서 매우 큰 외교적 성과입니다. 전쟁에서는 졌어도 외교에서 성공해 나라를 지켰다고 할 수 있습니다.

전쟁은 왜 일어날까요? 아이러니하게도 전쟁은 끝난 뒤 맺어질 협상에서 우위를 점하기 위해서 합니다. 전쟁이 전쟁만으로 끝나는 경우는 없습니다. 전쟁 뒤에는 반드시 협상이 뒤따르지요. 패전국은 불리한 조건에서, 승전국은 유리한 조건에서 협상을 벌이게 됩니다. 따라서 전쟁이 끝나도 협상이라는 과제는 남게 마련이고, 그 협상을 어떻게 이끌어가느냐가 전쟁의 승패만큼이나 중요합니다.

벼랑 끝 고려의 줄타기 외교

1259년 고려와 몽골은 전쟁을 끝내고 책봉-조공 관계를 맺었지만, 그렇다고 몽골이 전통 방식을 곧바로 버린 것은 아닙니다. 몽골은 책봉-조공 관계를 맺은 후에도 고려에 흔히 '6사六事'라고 부르는 여섯 가지를 추가로 요구했습니다.

① 인질을 보낼 것

② 역을 설치해 몽골까지 교통로를 확보할 것

③ 필요할 때 군사를 동원해 도울 것

④ 군량을 제공할 것

⑤ 호구조사 결과를 보고할 것

⑥ 다루가치를 설치할 것

1262년 몽골은 고려에 다루가치 설치를 제외한 다섯 가지를 공식적으로 요구했습니다. 다루가치 항목이 빠진 것은 불과 2년 전 고려의 요청으로 다루가치 쉬리다이를 소환했기 때문입니다. 그런데 고려는 이런 요구를 고의로 무시하고 아무런 반응도 보이지 않다가 쿠빌라이가 분노했다는 소문을 듣고 마지못해 응답했습니다. 역은 이미 설치되어 있고, 나머지는 전쟁 직후라 여유가 없으니 추후 검토하겠다고 말이지요. 이때 언급한 역은 고려 전기부터 있던, 개경에서 의주까지 이어지는 역로驛路를 가리킵니다. 사실상 아무것도 하지 않겠다는 얘기였죠. 그런데 뜻밖에도 쿠빌라이가 이를 수용했어요. 당시 아릭부케와의 내전으로 여유가 없었거든요.

1264년 아릭부케의 항복을 받아내고 내전에서 승리한 쿠빌라이는 바로 고려에 더 큰 요구를 해옵니다. 국왕의 친조입니다. 승리를 기념해 상도上都에서 쿠릴타이를 열기로 했으니 고려 국왕도 참석하라는 것이었습니다. 쿠릴타이는 황족과 유력 부족의 족장, 중신 등이 참여하는 몽골제국의 최고 의사결정 기구를 말합니다.

하지만 국왕이 나라 밖으로 나가는 일은 고려 역사상 전례가 없고 안전도 보장할 수 없었습니다. 몽골은 과거 형제 맹약 당시에도 친조를 요구했지만, 고려는 끝내 응하지 않았죠. 그런데 이제 책봉-조공 관계가 성립되고 안정을 찾아가는 시점에 다시 친조를 요구했으니 고려로서는 큰 고민거리였을 겁니다.

고려 조정의 첫 반응은 당연히 거부였습니다. 그런데 한쪽에서 친조를 해야 한다는 주장이 제기되었습니다. 친조하면 평화를 유지할 수 있지만, 거부하면 다시 전쟁이 일어날 위험이 있다는 것이었죠.

당시 국왕 원종은 친조를 원했던 것으로 보입니다. 비록 전쟁 막바지에 최씨 정권이 붕괴했지만 김준의 무신 정권이 권력을 장악하고 있는 상황에서 원종은 몽골과의 협상을 통해 왕권을 회복하려 했습니다. 또한 태자 시절 쿠빌라이를 만나봤기에 그에 대한 신뢰도 있었던 듯합니다. 결국 원종은 친조를 단행하기로 결정했지요.

1264년 8월, 원종은 몽골로 출발해 9월 29일 대도大都(지금의 베이징)에서 쿠빌라이 칸을 만났습니다. 고려 역사상 최초로 국왕이 국외로 나가는 대사건이 일어난 것입니다. 이 과정에서도 고려의 섬세한 외교 전략이 드러납니다. 원래 몽골은 여름에 상도로 오라 했지만, 고려는 준비 시간이 필요하고 무더운 여름엔 국왕이 견디기 힘들다며 가을로 시기를 늦추고, 장소도 대도로 바꿔줄 것을 요청했습니다.

결국 원종은 가을에 대도로 갔습니다. 만일 상도로 갔다면 몽골 귀족들이 모이는 쿠릴타이에 참석했을 테고, 생소한 몽골 문화에 압도되었을 가능성이 있습니다. 반면, 대도는 상도보다 고려 사람들에게 익숙한 분위기였지요. 이렇게 원종은 친조의 부담을 줄이는 데 성공했습니다.

친조 이후 원종의 왕권은 강화되고, 고려와 몽골 관계도 더욱 개선되었습니다. 그러나 이 시점에 몽골은 '6사'를 재차 요구했어요. 쿠빌라이가 내전을 마무리하고 정국을 안정시킨 뒤였기 때문에 요구는 한층 강경해졌습니다. 고려가 지금까지 '6사'를 이행하지 않은 걸 질책하며, 김준이 직접 몽골에 와서 보고하라고 압박했습니다.

하지만 고려는 뜻밖의 방식으로 대응했습니다. 일반적으로는 여섯 가지 요구에 대해 일괄적으로 응답할 거라고 생각하기 쉬운데, 고려는 그것을 하나씩 쪼개서 대응한 겁니다.

우선, 인질 문제에 대해서는 전쟁 중에 이미 보냈다고 했습니다. 과거 툴루게로 보낸 왕준이 그때까지 몽골에서 살고 있었거든요. 역은 오래전에 설치되었고요. 군사 동원과 군량 제공은 향후 몽골이 필요할 경우 시행하겠다고 약속했습니다. 하지만 호구조사 보고와 다루가치 설치에 대해서는 당시 국내 사정이 어수선하니 전쟁이 끝난 뒤로 미뤄달라고 요청했습니다. 요컨대 여섯 가지 요구 중 두 가지는 이미 이행했고, 두 가지는 앞으로 할 것이며, 나머지 두 가지는 다시 논의하자고 한 것입니다.

당시 고려에서는 호구조사 보고와 다루가치 설치를 가장 민감하게 받아들였습니다. 몽골이 고려의 인구를 파악하면 이를 기준으로 정기적 또는 비정기적으로 병력과 물자를 요구할 가능성이 높았기 때문입니다. 다루가치 설치는 말할 것도 없이 국왕의 통치권을 제약하는 요소일 테고요.

결국 고려는 군사와 군량을 제공하는 선에서 몽골의 요구를 받아넘긴 셈입니다. 이렇게 할 수 있었던 것은 쿠빌라이 칸의 조서를 면밀히 분석했기 때문입니다. 조서에 장차 남송을 공격할 계획이니 고려도 군사와 군량을 준비하라는 구절이 있었거든요. 반면, 호구조사 보고와 다루가치 설치를 요구하면서는 끝에 "경의 뜻은 어떤가?"라는 완곡한 표현을 썼습니다. 강요라기보다 고려의 판단에 맡긴다는 뉘앙스였죠.

협상의 제1원칙은 상대방이 무엇을 원하는지 파악하는 것이고, 제2원칙은 자신이 들어줄 수 있는 게 무엇인지 따져보는 것입니다. 고려는 이 두 가지 원칙에 충실했다고 볼 수 있습니다.

이렇게 '6사' 문제를 어느 정도 정리해가던 시점에 국내에서 커다란 사건이 일어났습니다. 무신 정권이 갑자기 항전론을 들고나온 것이죠. 최씨 정권을 무너뜨릴 때 군사를 동원했던 김준이 무신 정권을 연장하면서 몽골과의 강화를 줄곧 반대해왔습니다. 때때로 다시 강화도로 들어가 싸우자 하고, 그마저 어렵다면 더 먼 섬으로 들어가자고 주장했죠. 하지만 실현 가능성이 거의 없었기에 큰 호응을 얻지 못했고, 김준 자신도 강하게 고집하지 못했습니다.

원종을 중심으로 하는 강화파가 김준을 설득하며 몽골과 협상을 계속했는데, 이런 고려의 내부 사정을 파악한 몽골이 김준을 압박하는 전략을 구사했습니다. 김준을 몽골로 소환한 것이 결정타였지요. 김준은 당연히 이를 거부하며 항전론을 펼쳤고, 그러자 원종이 군대를 동원해 그를 제거했습니다. 1268년 12월의 일입니다.

김준을 제거했지만, 그때 동원한 군대의 지휘관 임연林衍(?~1270)이 권력을 장악하고 무신 정권을 이어갔습니다. 임연은 곧 정변을 일으켜 원종을 폐위하고 동생인 안경공 창을 왕위에 앉혔습니다. 하지만 이 사실을 알게 된 몽골이 원종 복위를 요구하자, 임연은 쉽게 굴복하고 원종이 복위했습니다. 이렇게 해서 임연의 정변은 2개월 만에 막을 내렸습니다. 강화파를 이끌던 원종을 폐위하면 몽골이 반대하리라는 걸 충분히 예상할 수 있었음에도 아무런 대비책을 마련하지 않았던 것이죠. 그의 원종 폐위는 무모한 정치적 도박이었다고 밖에 볼 수 없습니다.

원종은 복위하자마자 몽골로 가서 쿠빌라이 칸을 만났습니다. 두 번째 친조이자, 태자 시절까지 포함하면 세 번째 만남입니다. 이 자리에서 원종은 몽골에 군사 파병을 요청했습니다. 몽골군을 앞세우고 고려로 돌아가 무신 정권을 끝장내고, 개경으로 복귀하겠다고 약속한 것이죠. 몽골로서는 마다할 이유가 없었습니다.

몽골군을 이끌고 귀국한 원종이 개경에 도착해 강화도에 출륙령出陸令을 내리자, 그때까지 섬에 남아 있던 사람들은 더 이상 버틸 수 없다고 판단했어요. 그들은 임연이 사망하고 권력을 세습한 무신 집정 임유무를 죽이고 원종의 명령에 호응했습니다. 이렇게 해서 1170년 무신란으로 시작된 무신 정권은 꼭 100년 만인 1270년에 막을 내렸습니다.

여기까지는 원종의 완벽한 승리였습니다. 즉위 이후 줄곧 자신의 권력을 위협해온, 심지어 자신을 폐위하기까지 한 무신 정권을 무너뜨리는 데 성공했으니까요. 그러나 세상에 공짜는 없는 법이죠. 원종의 승리와 함께 고려는 큰 대가를 치렀습니다. 첫 번째가 바로 영토 상실입니다. 서경에 몽골의 '동녕부東寧府'가 설치되면서 대동강 이북의 땅을 몽골한테 빼앗겼습니다.

동녕부 설치는 임연의 원종 폐위에서 비롯됐습니다. 원종이 폐위되자 서경에서 반란이 일어났는데, 반란 세력은 표면적으론 국왕을 함부로 폐위한 임연에게 저항한다는 명분을 내세웠어요. 하지만 실제로는 고려를 배신하고 몽골 세력을 끌어들일 계획이었습니다. 서경 지역은 전쟁 중 전투가 빈번하게 벌어졌고, 주민들은 고려와 몽골 사이를 오가며 복잡한 이해관계 속에 놓여 있었습니다. 전쟁이 끝나고 고려와 몽골이 강화하자, 이 지역 사람들은 오히려 불안을 느끼고 있던 참이었습니다. 그런 상황에서 국왕과 무신 정권의 갈등이 격화되자, 아예 몽골 편에 서는 쪽으로 방향을 틀었던 것이죠.

원종이 복위함으로써 반란 명분이 사라졌음에도 이들은 독자적으로 몽골과 접촉해 협상을 벌였습니다. 결국 원종은 몽골에 가서 무신 정권을 제거하는 문제뿐 아니라, 서경 사람들을 받아들이지 말라는 요청까지 해야 했습니다. 두 가지 문제를 동시에 해결해야 했던 것이죠.

하지만 몽골은 서경 반란 세력의 요청을 받아들여 동녕부를 설치하고, 해당 지역을 몽골 영토로 편입해버렸습니다. 전쟁 중 쌍성총관부가 들어서서 동북면 땅을 빼앗긴 데 이어, 이번에는 서북면 영토까지 상실한 것입니다.

동녕부 설치는 사실 쿠빌라이 칸의 중대한 약속 위반이었습니다. 그는 처음 고려 태자를 만났을 때, 1259년 이전에 몽골로 들어온 고려인은 돌려보내지 않되 이후에는 고려인을 받지 않겠다고 했습니다. 따라서 이때 고려를 배신한 서경 사람들을 받아들인 것은 명백한 약속 파기였습니다.

그럼에도 고려는 항의조차 못 했습니다. 원종의 복위와 무신 정권 타도가 몽골의 힘으로 이루어진 만큼, 쿠빌라이 칸의 처사에 공개적으로 이의를 제기하기 어려웠던 것이죠. 원종의 정치적 성공 뒤에는 이처럼 값비싼 대가가 숨어 있었습니다.

두 번째는 삼별초의 반란입니다. 삼별초는 무신 정권의 정예부대였는데, 원종이 몽골군을 이끌고 와 무신 정권을 무너뜨리자 이에 반발해 봉기했습니다. 이들의 항쟁은 정치 세력

간 갈등에서 비롯된 정변이자, 국왕에 대한 반란이라 할 수 있습니다.

그런데 문제는 민심이었습니다. 삼별초가 봉기하자, 오랫동안 몽골의 침략에 시달려온 민중이 이에 호응해 각지에서 들고일어났습니다. 그 덕분에 삼별초는 진도를 근거지로 남해안 대부분을 장악하고, 고려-몽골 연합군과 맞설 수 있었습니다. 이들은 일본에 사신을 보내 몽골과 싸우는 데 공동전선을 제안하기도 했지만, 일본의 거부로 성사되지는 못했습니다. 결국 연합군의 공격으로 진도가 함락되었고, 탐라(제주도)로 근거지를 옮겼으나 끝내 진압되고 말았습니다.

삼별초의 항쟁은 어떻게 평가해야 할까요? 외세에 맞서 끝까지 싸운 구국의 상징으로 보는 시각이 오랫동안 있어 왔지만, 이것만 강조하면 무신 정권의 연장선상에 있는 그들의 다른 모습을 간과하게 됩니다. 반대로, 무신 정권 잔당의 반란으로만 보면 민중의 호응이라는 중요한 측면을 놓치게 됩니다.

어떤 측면을 강조하느냐에 따라 평가도 달라집니다. 민족을 중시하는 관점에서는 삼별초가 몽골과 끝까지 싸웠다는 데 방점을 둡니다. 일제강점기 이후 민족주의 역사학자들이 이런 시선을 강조해왔죠. 반면, 계급 문제를 중시하는 관점에서는 삼별초가 민중 항쟁을 억누르던 무신 정권의 군사 조직이었다는 점을 부각합니다. 실제로 무신 집권기와 전쟁 중에

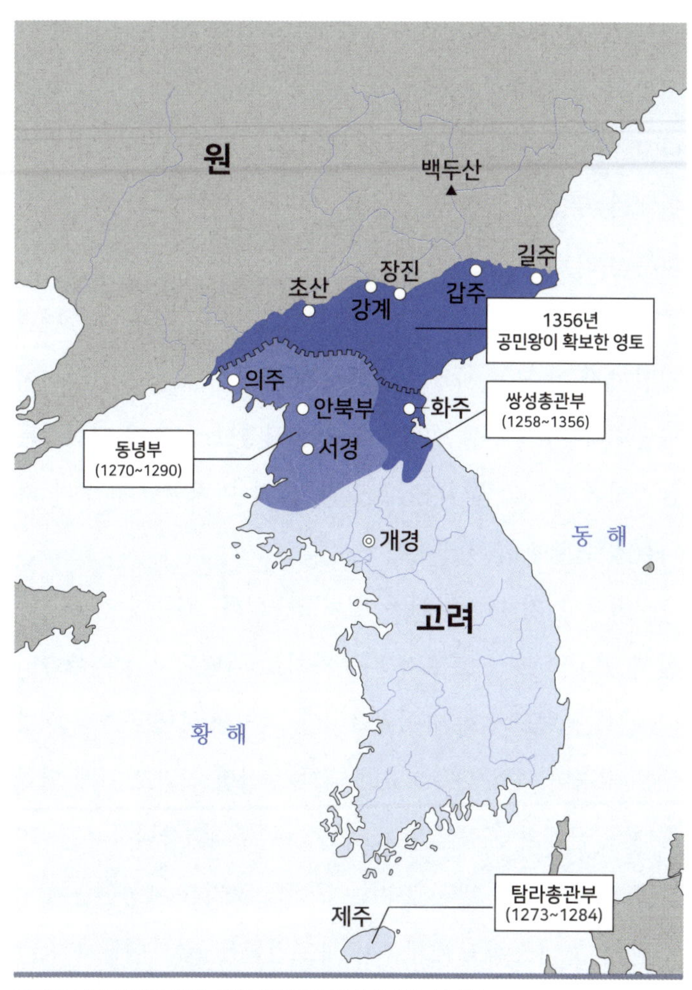

고려의 영토 상실과 회복: 쌍성총관부와 탐라총관부, 동녕부

도 계급 갈등과 민중 봉기가 존재했으므로 이 측면 또한 무시할 수 없습니다. 삼별초의 항쟁은 어느 한쪽이 맞고 틀렸다고 단정할 수 없는, 해석의 차이를 보여주는 대표적 사례입니다. 중요한 것은 그 차이를 인정하고 열린 시선으로 역사를 바라보는 태도겠지요.

어쨌든 원종의 복위부터 무신 정권 타도, 삼별초의 반란 진압까지 이 모든 과정에서 몽골의 군사적 도움은 결정적이었습니다. 당연히 몽골의 영향력이 커졌고, 고려의 협상력은 급격히 약화되었습니다. 그 결과, 그간 미뤄왔던 '6사'가 하나둘씩 실행에 옮겨졌지요.

몽골은 먼저 다루가치를 설치했습니다. 원종이 몽골군과 함께 귀국할 때 톡토르가 다루가치로 임명되어 동행했습니다. 인질 문제도 변화가 있었습니다. 이전에 보냈던 영녕공 왕준은 고령이 되었으므로 고려 태자가 직접 인질로 가게 되었습니다. 군대와 군량 징발도 급속히 이루어졌습니다. 1274년 몽골의 일본 침략 당시 고려는 군대와 물자를 제공했습니다. 하지만 그 와중에도 호구조사 보고만큼은 끝내 이행하지 않았습니다. 당시 매우 불리한 처지이면서도 이를 지켜낸 것은 주목할 만한 성과였습니다.

단기적으로, 고려가 입은 또 다른 피해도 있었습니다. 전쟁 중 몽골에 항복해 그 앞잡이 노릇을 하던 사람들이 돌아와 내정 간섭을 하기 시작한 것입니다. 대표적 인물이 홍차구洪茶丘입니다. 그는 몽골의 1차 침략 때 항복한 홍복원洪福源 (1206~1258)의 아들로, 쿠빌라이가 어릴 적 집에서 부르던 이름인 '차구'라고 불러줄 만큼 가까운 사이였습니다. 그런 사람이 몽골군 지휘관이 되어 고려에 들어온 것입니다. 표면적 임무는 삼별초를 진압하고 일본 침략을 지휘하는 것이었지만, 실제로는 몽골의 이익을 대변해서 고려에 큰 피해를 입혔습니다. 이 역시 원종이 몽골의 도움을 받아 무신 정권을 무너뜨린 대가였다고 할 수 있죠.

부마고려국왕의 탄생, 권력 지도를 바꾼 몽골 공주와의 혼인

복위한 원종이 쿠빌라이 칸을 만났을 때, 향후 100년 간 고려의 운명을 바꿀 중요한 일이 있었습니다. 고려 태자와 몽골 공주의 결혼이 그것입니다. 원종은 군대 요청과 함께 혼인을 제안했습니다. 정략결혼을 통해 왕권을 강화하고, 왕실을 보호받으려는 전략이었죠.

뜻밖의 제안에 쿠빌라이는 다소 당황한 듯 "혼인은 중대한 일이니 다른 일에 덧붙여 말할 것이 아니다. 나중에 다시 이야기하자"며 말을 돌렸습니다. 그러면서 "짐의 친자식들은 이미 모두 혼인했으니, 형제들과 의논해서 허락하겠다"고 덧붙였죠. 겉으로는 수락한 것처럼 보이지만, 사실상 거절에 가까운 말이었습니다.

그런데 사실은 쿠빌라이에게 미혼의 딸이 있었어요. 그래서 고려가 재차 청혼하자 쿠빌라이 칸도 더 이상 거절하지 못하고 혼인을 허락했습니다. 그리고 고려에서 삼별초의 반란을 진압한 직후인 1274년 5월에 결혼식을 치렀습니다. 삼별초가 항전을 벌이는 상황에서 고려 왕실과의 결혼을 미뤘던 것이죠. 결국 원종의 태자 심(훗날의 충렬왕)이 쿠빌라이 칸의 딸 쿠툴룩켈미시 공주(제국공주)와 혼인함으로써 몽골 황실의 부마가 되었습니다. 그와 동시에, 원종의 위상도 자연스레 높아졌습니다.

당시 몽골 사신 흑적이 원종이 베푼 잔치에서 상석을 사양한 일화가 있습니다. 흑적은 "태자께서 황제의 따님과 혼인하셨으니, 국왕은 부마의 부친이십니다. 제가 어떻게 감히 대등한 자리에 앉겠습니까"라면서 아랫자리에 앉겠다고 했습니다. 혼인 이전에는 몽골 사신이 상석에 앉았는데, 태자가 부마가 된 이후로는 몽골 사신이 스스로 상석을 사양하게 된 것이죠. 비록 의전상의 변화였지만, 고려 국왕이 부마의 지위를 어떻게 활용하느냐에 따라 외교에도 영향을 미칠 여지가 생긴 셈입니다.

고려와 몽골의 혼인과 관련해 한 가지 더 생각해볼 점이 있습니다. 원종이 처음 청혼했을 때만 해도, 태자와 몽골 공주의 한 번 혼인을 염두에 뒀을 겁니다. 그러나 몽골은 이를 자신들의 방식대로 받아들인 듯합니다. 이후 고려 태자들은 대대로 별도의 절차 없이 몽골 공주와 혼인해서 부마가 되었기 때문입니다. 원종의 청혼을 계기로 고려 왕실이 몽골 황실의 통혼권에 들어갔고, 그때부터 관례적으로 혼인이 이루어진 것이죠.

이렇게 충렬왕(제25대, 재위 1274~1308)을 시작으로 충선왕, 충숙왕, 충혜왕, 공민왕이 대대로 몽골 공주와 결혼했습니다. 충혜왕과 공민왕 사이에 재위한 충목왕과 충정왕은 어린 나이에 즉위했다가 단명하거나 퇴위해 혼인까지는 이르지 못했습니다.

또 하나, 고려와 몽골의 부마는 많이 달랐습니다. 고려는 일찍부터 왕실의 부마가 정치에 개입하지 못하도록 금지했습니다. 반면, 몽골에서는 부마가 황실의 일원으로서 왕자와 동등한 대우를 받았고, 국가의 중대사를 논의하고 결정하는 쿠릴타이에도 참석할 수 있었습니다. 정치 참여가 가능했던 것이죠. 따라서 고려 국왕이 몽골 황실의 부마 자격으로 몽골의 정치에 관여할 수 있었습니다.

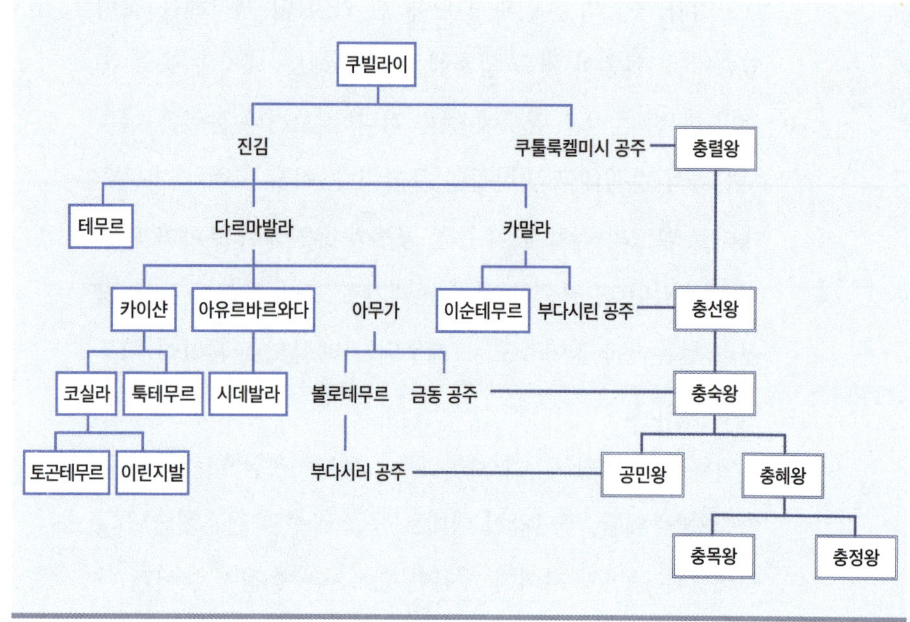

더 나아가 고려 국왕과 몽골 공주 사이에서 태어난 아들은 몽골 황실의 피를 이어받은 혼혈 왕자로서 몽골 내에서도 높은 지위를 차지하며 권력에 접근할 수 있었습니다. 충렬왕과 쿠툴룩켈미시 공주 사이에서 태어난 충선왕(제26대, 재위 1298, 1308~1313)이 그랬는데, 쿠빌라이 칸의 외손자로서 몽골에서 권력자가 되었습니다.

왕실 혼인은 고려 국왕이자 몽골의 부마인 존재를 탄생사

켰습니다. 한 나라의 국왕이면서 동시에 부마인 경우는 고려가 유일했고, 그 때문에 몽골에서는 '부마고려국왕'이라고 불렀습니다. 그런데 부마고려국왕은 과연 고려의 국왕일까요, 아니면 몽골의 부마일까요?

이는 고려가 몽골제국 밖의 독립국이었는지, 아니면 몽골 황실의 부마에게 분봉한 영지였는지를 판단하는 중요한 문제입니다. 이와 관련한 결정적 단서가 다음 자료에 담겨 있습니다.

> 충렬왕 1년(1275) 5월에 왕이 조사詔使(조서를 가지고 오는 사신)가 온다는 말을 듣고 서문 밖까지 나가서 맞이했다. 왕이 공주에게 장가들었으므로 조사가 와도 성 밖에 나가 맞이한 적이 없었는데, 역관 김대가 원에 갔을 때 원나라 중서성의 관리가 "부마왕이 조사를 영접하지 않는 사례가 없지는 않다. 그러나 왕은 외국의 군주이니 조서가 도착하면 나와서 맞이해야 한다"라고 하였다. 그래서 이때 처음으로 나가 맞이하였다.
>
> _《고려사절요》

몽골 사신이 고려에 왔을 때 충렬왕이 성 밖까지 나가 영접해야 하는지를 두고 논란이 있었죠. 이에 대해 몽골에서는 충렬왕이 "외국의 군주外國之主"이므로 직접 나와 영접하는 것이 맞다는 유권해석을 내렸습니다.

여기서 중요한 것은 충렬왕이 몽골의 부마이기는 하지만 본질적으로는 외국의 군주, 곧 고려의 국왕이라는 점입니다. 그렇다면 몽골이 보기에 고려는 부마에게 떼어준 몽골 땅이 아니라 엄연한 외국이라는 뜻이죠. 이것은 병자호란 당시 인조가 삼전도에서 항복했을 때, 청의 홍타이지가 인조를 '한 나라의 국왕一國之王'으로 인정한 것과 같은 맥락입니다.

충렬왕의 친조 외교, 원칙을 세우다

충렬왕은 1274년 원종의 뒤를 이어 즉위한 후, 부마 지위를 활용해 적극적인 외교를 펼쳤습니다. 1278년에는 직접 몽골로 가서 쿠빌라이 칸을 만나 몇 가지 중대한 문제를 논의했고, 그 결과 홍차구 소환, 몽골군 철수, 다루가치 폐지 등 중요한 결정을 이끌어냈습니다. 모두 충렬왕의 요청을 쿠빌라이가 받아들인 것으로, 고려의 외교적 성공이라고 할 수 있습니다.

《고려사》에는 충렬왕과 쿠빌라이 칸의 대화가 그대로 실려 있는데, 매우 흥미롭습니다. 먼저 홍차구와 관련해 충렬왕이 "홍차구 때문에 제가 정사를 돌보는 데 어려움이 많습니다. 그는 군사 문제만 맡아야 할 사람인데, 정사에까지 간섭하려 듭니다. 홍차구의 군대를 소환해주시기 바랍니다"라고 하자, 쿠빌라이는 "그것은 쉬운 일이다"라며 흔쾌히 승낙했어요.

다루가치와 관련해 충렬왕이 "황제께서 신임하는 몽골 사람을 다루가치로 임명해주십시오"라고 요청하자, 쿠빌라이는 "다루가치가 왜 필요한가? 그대가 좋을 대로 하라"고 답했습니다. 이는 고려에 설치된 다루가치를 폐지하겠다는 뜻입니다.

또 충렬왕이 "우리도 상국의 법에 따라 호구조사를 시행할 수 있도록 해주십시오"라고 하자, 쿠빌라이는 "그대가 알아서 하라"고 대답했지요. 몽골 법에 따른 호구조사가 구체적으로 어떤 것인지는 확인할 수 없지만, 쿠빌라이가 고려에 호구조사 보고를 강제하지 않았다는 점은 분명합니다.

충렬왕이 귀국하자 곧 홍차구와 다루가치가 몽골로 돌아갔고, 고려에 주둔하고 있던 몽골군도 철수했습니다. 이후 몽골은 더 이상 고려에 호구조사 보고를 요구하지 않았습니다.

결국 몽골이 요구한 6사 가운데 고려가 가장 민감하게 여겼고, 오랫동안 거부해온 두 가지, 즉 호구조사 보고와 다루가치 설치를 끝내 면제받은 것입니다. 1259년 고려 태자가 쿠빌라이를 처음 만난 이래 고려는 협상을 통해 국가와 왕실의 유지를 보장받고, 불개토풍을 약속받았으며, 6사의 핵심을 지켜냈습니다. 이 모든 과정을 돌아보면, 고려 외교는 30년에 걸친 전쟁과 협상 끝에 실질적인 성과를 거둔 성공 사례라고 할 수 있습니다.

하지만 대가가 없었던 것은 아닙니다. 고려는 몽골이 필요로 할 때 군대와 군량을 지원하기로 약속했고, 실제로 1281년(충렬왕 7) 몽골의 2차 일본 침략 당시 전투 병력 1만 명, 배를 젓는 일꾼 1만 5,000명, 전함 900척, 군량미 11만 석을 제공했습니다. 이러한 의무는 이후로도 이어져 1287년 나얀의 반란이 일어났을 때 군사 5,000명을 파병했고, 한참 뒤인 1354년에도 몽골의 요청에 따라 장사성을 공격하는 데 300명의 병사를 보냈습니다. 툴루게라는 이름으로 왕자를 몽골에 보내는 관행도 지속되어 공민왕에 이르기까지 고려 국왕들은 즉위 전에 몽골에서 생활해야 했습니다.

1278년 충렬왕과 쿠빌라이 칸이 합의한 내용은 이후 오랫동안 변경되거나 새로운 조건이 추가되지 않고 양국 관계의 틀이 되었습니다. 다만 한 가지, 고려에 '정동행성征東行省'이 설치되는데, 이에 대해서는 좀 더 설명이 필요합니다.

몽골은 일본 침략을 눈앞에 둔 1280년 정동행성을 처음 설치했습니다. '정동'은 동쪽의 일본을 정벌한다는 뜻으로, 정동행성은 그 일을 총괄하는 사령부였습니다. 그런데 일본 침략에 실패한 뒤에도 몽골은 이 기관을 계속 유지했습니다.

당시 몽골은 각 지방에 '행성'을 설치해 통치했는데, 이것이 오늘날 중국의 '랴오닝성' '쓰촨성' 같은 성省의 기원이기도 합니다. 당시 몽골에는 총 11개 행성이 있었고, 정동행성도 그중 하나였습니다. 이 때문에 고려가 몽골의 지방 행정 구역이 된 것처럼 오해하기도 하죠.

하지만 안을 들여다보면 전혀 다릅니다. 첫째, 다른 행성은 모두 지명을 이름에 넣었지만 '정동'은 지명이 아니라 '일본 정벌'이라는 목적을 나타냅니다. 둘째, 다른 행성 아래에는 로路, 부府, 주州, 현縣 등 하급 행정 단위가 있지만 정동행성에는 그런 조직이 존재하지 않았습니다. 셋째, 다른 행성은 칸이 임명한 관리가 승상을 맡았지만, 정동행성은 항상 고려 국왕이 승상을 겸임했습니다. 마지막으로, 고려에 정동행성이 설치되었음에도 '입성立省'이라고 해서, 고려를 없애고 행성으로 만들자는 주장이 여러 차례 제기되었다는 점입니다. 이는 거꾸로 정동행성이 다른 행성들과 달랐음을 보여주는 강력한 증거입니다.

그렇다면 왜 몽골은 정동행성을 그대로 두었을까요? 저는 고려가 몽골제국 내에서 독특한 위상을 가졌기 때문이라고 생각합니다. 고려는 몽골제국 안에서 유일하게 책봉-조공 관계를 맺은 독립국으로 존재했습니다. 따라서 몽골로서는 고려만 특별한 방식으로 상대해야 하는 번거로움이 있었죠. 정동행성을 설치한 것은 바로 이런 번거로움을 피하기 위해, 즉 고려에 대한 행정 사무를 행성 체계에 맞추기 위해서였습니다. 어쨌든 정동행성 설치는 1278년 충렬왕과 쿠빌라이 칸의 합의를 훼손하는 것은 아니었습니다.

쿠빌라이 칸의 약속은 그의 생전은 물론 사후에도 후계 칸들에 의해 지켜졌습니다. 훗날 사람들은 이 합의를 세조(쿠빌라이 칸)의 옛 제도라는 뜻에서 '세조구제世祖舊制'라고 불렀습니다. 세조구제의 핵심은 고려가 국가로 존재하면서 몽골과 책봉-조공 관계를 맺는다는 것입니다. 그리고 고려 국왕은 몽골 황실의 부마이자 정동행성 승상의 지위를 겸했습니다. 이는 고려가 전쟁 초부터 원했던 목표, 즉 국가와 왕실의 유지를 실현한 결과이기도 합니다.

그런데 진짜 문제는 책봉 과정에서 발생했습니다. 앞서 말한 세조구제가 책봉-조공 관계를 골자로 한다고 해도, 이전에 고려가 송·거란·금과 맺었던 책봉-조공 관계와 크게 다른 점이 있었습니다. 기존의 책봉은 고려에서 새 왕이 즉위한 뒤, 그 지위를 추인하는 형식적 절차에 불과했지만, 몽골은 고려 국왕을 먼저 정해서 책봉했습니다. 즉, 책봉이 실질적 권한으로 바뀐 것이지요. 심지어는 이미 책봉된 국왕을 폐위하는, 즉 책봉을 철회한 사례도 있습니다. 이로 인해 고려 국왕은 몽골에 자주적 태도를 유지하기 어려웠고, 그 틈을 타 몽골의 정치적 간섭이 파고 들었습니다.

하지만 몽골이 아무나 고려 국왕으로 책봉한 것은 아닙니다. 몽골 공주가 낳은 왕자를 우선시하긴 했지만, 고려 내부의 왕위 계승 원칙을 침해하지는 않았습니다. 몽골이 책봉권을 실질적으로 행사했더라도, 고려의 계승 원칙 안에서 제한적으로만 작동했습니다.

고려의 왕위 계승권자가 몽골에 인질로 가는 툴루게도 의미가 달라졌습니다. '인질'이라고 하면 보통 불쌍한 존재로 여기지만, 툴루게는 단순한 인질이 아니었습니다. 몽골과 전쟁하고 있을 때는 그랬을지 모르지만, 몽골제국이 자리를 잡은 뒤로는 '케식'의 일원이 되었습니다. 케식은 몽골의 지배층 젊은이들이 칸과 함께 생활하면서 국정에 대한 생각을 공유하는 일종의 친위 부대였죠.

툴루게는 귀국해서 고려 국왕이 되었습니다. 그렇다 보니 툴루게로 몽골에 가는 것을 꺼리지 않게 되었고, 오히려 서로 가고 싶어 했죠. 툴루게는 다음 국왕이 된다는 의미였으니까요.

국왕이 강제 퇴위당하는 등 몽골의 정치적 간섭이 있었지만, 그럼에도 고려가 국가를 유지했다는 점은 매우 중요합니다. 게다가 국가 유지는 당시 몽골제국 안에서도 매우 드문 경우였습니다. 다음은 1310년 몽골의 카이샨 칸(무종)이 보낸 문서의 일부입니다.

1310년(충선왕 2) 7월, 원에서 황제(무종)의 제서制書를 우리나라에 보내 왕의 3대 조상에게 작위를 추증하였다. 그 제서에 이르기를 "내가 보건대 지금 천하에서 자기 백성과 사직을 가지고 왕위를 누리는 나라는 오직 삼한뿐이다."

_《고려사》〈세가 충선왕〉

여기서 말하는 '삼한'은 고려의 별칭입니다. 몽골이 보기에 당시 천하에서 국가 체제를 유지하고 있는 나라는 고려뿐이라는 뜻이지요. 베트남과 일본도 있지 않나요? 몽골의 시각에서 볼 때, 그 나라들은 천하의 바깥에 있었습니다. 그들이 이해하고 있는 천하, 즉 몽골제국을 중심으로 한 세계 질서 안에서는 고려만이 유일한 왕국이었던 것입니다.

당시 고려 사람들은 몽골과 관계에서 '세조구제'에 만족했습니다. 전쟁에서 패했음에도 나라가 없어지지 않았다는 사실에 안도감을 느꼈던 것이죠. 그리고 그런 현실에 역사적 정당성을 부여하려 했고, 이를 위해 단군을 끌어들였습니다. 우리 역사의 시작을 단군조선으로 보고, 단군조선 건국이 중국 역사와 동시에 이루어졌다는 점을 강조한 것입니다. 시작이 같으니 두 나라는 각자의 역사를 가진 별개의 국가란 사실을 드러내려 한 것이지요.

일연의 《삼국유사》에서는 중국의 《위서魏書》라는 책을 인용해 단군조선 건국이 "요임금과 같은 때였다"고 밝히고 있습니다. 당시에는 요임금을 중국 역사의 출발점으로 인식하고 있었으므로 단군과 요임금이 같은 시기에 서로 다른 역사를 시작했다는 주장입니다.

비슷한 시기에 이승휴는《제왕운기》에 단군신화를 수록하면서 서두에 이렇게 말합니다.

> 요동에 따로 하나의 천지가 있으니 遼東別有一乾坤
>
> 별자리도 중국 왕조와 구분된다 斗與中朝區以分

여기서 별자리가 구분된다는 말은 서로 다른 세상이라는 뜻입니다. 즉, 요동은 예부터 중국과는 다른 세상이었다는 의미지요.《제왕운기》는 그러한 요동 지역에 따로 존재하는 천지의 역사를 단군조선으로부터 시작하고, 그 건국 신화를 기록했습니다.

몽골의 쿠빌라이 칸과 고려의 원종·충렬왕을 거치며 확립된 세조구제는 이후 고려와 몽골 관계의 원칙이 됩니다. 특히 몽골이 고려에 불리한 방향으로 관계를 바꾸려 할 때 이를 저지하는 논리로 활용되었습니다. 대표적 사례로, 충렬왕 때 정동행성 평장정사平章政事로 부임한 고르기스가 노비법을 바꾸려 하자, 고려는 세조구제를 앞세워 저지하고 고르기스를 내쫓았습니다. 또 14세기 들어 고려를 없애고 몽골의 행성으로 만들려는 시도가 여러 차례 있었지만, 그때마다 세조구제에 어긋난다고 항의해 국가를 유지하는 데 성공했습니다.

정리하자면, 고려와 몽골의 관계는 세조구제의 원칙에 따른 책봉-조공 관계였습니다. 이런 관계 속에서 고려는 국가를 유지할 수 있었지만, 몽골의 내정 간섭을 받았습니다. 고려 국왕이 몽골 황실의 부마가 되고, 책봉에서 몽골이 실질적 권한을 행사해 왕권을 제약한 것은 사실이지만, 이러한 것들이 책봉-조공 관계를 부정하는 것은 아닙니다. 이 시기를 '원 간섭기'라고 부르는데, 사실 이 용어는 다소 부자연스러운 구석이 있습니다. 한국사의 한 시기를 다른 나라가 한 일로 이름지었기 때문입니다. 그럼에도 이 용어를 사용하는 이유는 고려가 국가로서 존재했으며, 몽골의 지배를 받은 것은 아니라는 점을 드러내기 위해서입니다.

충렬왕과 충선왕, 부자간 권력투쟁의 서막

충렬왕 때 세조구제가 완성되면서 고려-원 관계는 안정기에 접어듭니다. 충렬왕을 이은 다음 국왕은 충선왕입니다. 이름은 원謜인데, '이질부카'라는 몽골 이름도 가지고 있었지요. 몽골어로 이질은 '짝, 쌍'을 뜻하고, 부카는 황소를 의미하므로 이질부카는 '한 쌍의 황소' 정도로 해석할 수 있습니다. 두 개의 이름처럼 충선왕의 삶 또한 이중적이었습니다.

충선왕의 아버지는 충렬왕, 어머니는 쿠빌라이 칸의 딸 쿠툴룩켈미시 공주입니다. 즉, 쿠빌라이 칸의 외손자로 원 황실과 혈연관계가 매우 가까웠습니다. 원 간섭기의 고려 국왕이 모두 원 공주와 혼인했지만, 충선왕처럼 칸의 외손자였던 사례는 유일합니다. 충선왕은 출발부터 남달랐고, 여기에 개인적 능력까지 더해져 특별한 위치를 차지했습니다.

한국사에서 충선왕은 흔히 '개혁 군주'로 불립니다. 《고려사》를 보면 1298년 즉위하자마자 교서를 발표했는데, 그 내용이 놀랍습니다. 당시 스물네 살이던 충선왕은 고려 사회의 문제점을 조목조목 지적하고 해결책을 제시했어요. 그리고 과감한 개혁을 추진하다 8개월 만에 원의 압력으로 왕위에서 쫓겨났지요. 국왕이 자신의 자리를 걸고 개혁을 시도했다는 점에서 매우 인상적이며, 또 원에 의해 퇴위당했다는 사실 때문에 충선왕의 정치는 흔히 '반원反元 개혁'으로 평가받아왔습니다.

하지만 충선왕이 즉위 교서에서 밝힌 개혁 과제를 가만히 살펴보면 다른 목표가 있었음을 알 수 있습니다. 바로 아버지 충렬왕의 정치를 바로잡겠다는 것이었지요. 그렇다면 충렬왕의 정치는 어떤 문제가 있었을까요?

충렬왕은 원 황실의 부마라는 지위를 활용해 적극적인 외교 활동을 펼쳤고, 1278년에는 쿠빌라이 칸을 직접 만나 요구 사항을 관철하며 세조구제를 완성했습니다. 그 핵심은 고려를 국가로 유지하면서 국왕의 지위를 보장받는다는 것이었어요. 전쟁에서 승리한 몽골제국이 상대국의 독립을 그대로 인정해준 거의 유일한 사례입니다. 이는 충렬왕의 탁월한 외교적 성과였고, 지금 생각해도 결코 쉬운 일이 아니었습니다. 또한 충렬왕은 고려 국왕, 부마, 정동행성 승상이라는 세 가지 지위를 적절히 활용하며, 원의 간섭을 최소화하기 위해 노력했습니다.

그렇다면 국내 정치에서는 어땠을까요? 충렬왕 즉위 당시 가장 중요한 과제는 전후 복구와 왕권 강화였습니다. 전쟁의 피해는 여전히 회복되지 않았고, 왕권을 억누르던 무신 정권이 무너진 지 불과 4년밖에 지나지 않은 시점이었습니다. 충렬왕은 재위 기간 34년 내내 이 두 과제에 집중했습니다.

30년에 걸친 전쟁으로 고려의 농경지는 황폐해졌습니다. 따라서 국왕이라면 당연히 농경지를 복구하고, 민생을 안정시키는 데 주력해야 했겠지요. 전후 복구의 핵심은 토지의 개간이었습니다. 원래 농경지였지만 여러 가지 이유로 경작하지 않게 된 땅을 '진전陳田'이라 하는데, 이런 땅은 다시 개간하지 않으면 농지로 사용할 수 없습니다.

충렬왕은 전국 곳곳에 방치된 진전을 회복하는 데 힘을 쏟았습니다. 하지만 진전을 개간하려면 막대한 노동력이 필요했습니다. 시간이 오래 걸리고, 하루하루를 근근이 살아가는 농민에게는 감당하기 어려운 일이었지요. 충렬왕은 진전을 최대한 빨리 개간할 방법을 찾았습니다. 고위 관리나 경제적 여유가 있는 사람들에게 진전 개간의 권한을 부여한 거죠. 개간할 토지를 지정하고 개간을 허가하는 증서, 즉 '사패 賜牌'를 발급했습니다. 충렬왕이 전후 복구를 위해 새롭게 도입한 이 정책은 상당한 효과를 거뒀습니다.

하지만 사패를 받아 개간한 토지는 곧바로 개간한 사람의 소유로 인정되었기 때문에 엄청난 특혜로 작용했습니다. 그리고 이로 인해 토지 개간을 둘러싼 불법행위가 성행했지요. 충렬왕이 옳고 그름을 따지기보다 전쟁 피해 복구에 집중한 결과였습니다.

다음 과제는 왕권 회복이었습니다. 충렬왕은 아버지 원종이 임연에 의해 쫓겨나고, 원의 군대를 앞세워 무신 정권을 타도하는 과정을 곁에서 지켜봤습니다. 그런 경험을 통해 왕권에 대한 도전은 결코 용납하지 않겠다고 결심했을 것입니다. 길게 보면, 충렬왕은 무신 정권 붕괴 이후 처음 즉위한 국왕입니다. 아버지의 시련뿐 아니라 무너진 왕권을 되살려야 할 역사적 책무도 함께 짊어진 셈이죠.

왕권을 회복하기 위해 무엇부터 했을까요? 충렬왕은 측근들을 기용해서 자기 세력을 키웠습니다. 먼저, 태자 시절 원에서 생활하며 고락을 함께한 사람들을 중용했습니다. 이들을 공신으로 책봉하고, 관직을 올려주거나 사패를 지급해 정치적·경제적 기반을 다져주었습니다.

충렬왕이 측근 세력을 키우자 왕 주변에 다양한 사람들이 모여들었습니다. 우선, 환관과 내료內僚가 있었습니다. 환관은 국왕의 잔심부름을 하는 사람이고, 내료는 궁궐 안에서 청소나 문단속을 하는 하급 관리입니다. 이들은 언제나 국왕 주변에서 수족처럼 일했으니 그만큼 가까운 존재였겠지요. 충렬왕이 태자 시절 원에서 생활할 때 통역을 맡았던 역관들도 측근에 포함되었습니다.

또 한 부류로는 '케링구怯怜口'가 있었습니다. 충렬왕비 쿠툴룩켈미시 공주를 따라 고려에 온 이들인데, 공주에게 사적으로 딸린 사람이라는 뜻에서 '사속인私屬人'이라고 했습니다. 대부분 고려인이 아닌 외국인이었는데, 이들도 공주를 통해 왕의 측근이 되었습니다.

그 외에 응방鷹坊에 소속된 사람들도 있었습니다. 충렬왕은 매사냥을 무척 즐겼죠. 원에도 매사냥 전통이 있었기 때문에 매를 통한 교류가 활발했습니다. 특히 함경도 동해안 일대에서 잡히는 매를 '해동청'이라고 불렀는데, 원에서 이를 매우 귀하게 여겼습니다. 이에 따라 매를 길러 원에 보내는 응방이 설치되었고, 거기서 일하는 사람들이 충렬왕과의 밀접한 관계를 바탕으로 고위 관직에까지 올랐습니다.

환관, 내료, 역관, 케링구, 응방 소속 인물들의 공통점은 모두 신분이 미천하다는 겁니다. 고려 전통적 지배층이나 과거 출신 관료가 아니었죠. 충렬왕은 이들에게 고위 관직을 아낌없이 내렸고, 이 과정에서 각종 편법을 동원하는 바람에 기존의 관리 임용 및 승진 체계가 흔들리고 말았습니다.

충렬왕은 이들에게 사패를 지급해 경제적 기반도 마련해주었습니다. 사패는 지급 기준이 따로 없었고, 왕이 마음대로 나누어주는 게 가능했습니다. 그런데 이들은 힘들게 진전을 개간하기보다는 이미 경작 중인 좋은 땅을 진전이라 속여 사패를 받아내고 땅 주인을 쫓아내기 일쑤였습니다. 이런 행위를 '모수사패冒受賜牌'라고 하는데, 거짓으로 사패를 받았다고 꾸민다는 뜻입니다.

결국 충렬왕은 원과의 외교에서는 큰 성과를 거두었지만, 국내 정치에서는 많은 문제를 드러냈습니다. 측근에게 권력이 집중되면서 일반 관료들이 불만을 품었고, 땅을 빼앗긴 농민들의 원성도 커졌습니다. 한마디로 나라 안에서 인기 없는 국왕이었던 셈입니다. 이 틈을 충선왕이 파고들었습니다.

충선왕, 즉 왕원은 1275년(충렬왕 1)에 태어나 네 살 때 세자로 책봉되었습니다. 위로 형이 하나 있었지만, 원나라 공주 출신 왕비의 소생이 아니었기 때문에 세자가 될 수 없었죠. 세자 책봉 직후 부모를 따라 원에 갔을 때, 황태자비(쿠빌라이 칸의 아들 진김의 부인으로, 충선왕의 외숙모)가 '이질부카'라는 이름

212

을 지어주었습니다. 이때부터 왕원은 자신을 원 황실의 일원으로 여겼을 겁니다.

어려서부터 왕원은 영민하고 당돌했습니다. 아홉 살 때 충렬왕이 매사냥을 나가려 하자 눈물을 흘리며 "지금 백성들은 곤궁하고, 또 농사를 시작해야 할 시기인데 부왕께서는 어찌 사냥을 나가십니까?"라고 말했답니다. 아버지가 측근들과 어울려 사냥에 나서는 모습을 보고 또박또박 바른 소리를 한 것이죠. 그러자 충렬왕은 "어린애가 참 괴이하구나"라고 말했다는데, 속으로는 '어린 것이 못 하는 말이 없군'이라고 생각했을지도 모릅니다. 심지어 왕원은 충렬왕의 총애를 받는 신하에게 "아버지를 사냥으로 이끄는 것이 바로 너 같은 늙은 개로구나" 하고 직설적으로 비난하기도 했습니다.

한편, 왕원은 쿠빌라이 칸의 외손자로서 몽골을 자주 왕래했고, 외할아버지 쿠빌라이 칸의 특별한 총애를 받았습니다. 이에 관한 기록도 남아 있습니다.

충렬왕 18년(1292) 10월 황제가 침전으로 불러 "무슨 책을 읽고 있느냐?"라고 물었다. "《통감》을 읽고 있습니다"라고 대답하자 황제가 "역대 제왕 가운데 누가 가장 현명하냐?"라고 물었다. "한 고조와 당 태종입니다"라고 대답하자 또 "한 고조와 당 태종 가운데 누가 과인과 견줄 만하냐?"라고 물었다. "신은

나이가 어리니 어찌 그것을 알 수 있겠습니까?”라고 대답하자
“그러면 재상에게 물어보고 오거라”라고 하였다.

_《고려사》〈세가 충선왕〉

할아버지가 한 고조나 당 태종보다 훌륭하다고 하면 너무
노골적이고, 그렇다고 할아버지보다 낫다고 하기도 어려웠
을 테니 ‘모르겠다’고 한 것은 현명한 대답이었죠. 여기서 주
목할 점은 왕원이 태자 시절 쿠빌라이 칸의 침전에까지 들어
가 사적인 대화를 나눌 정도로 친밀했다는 사실입니다.

왕원은 스물세 살 때 쿠빌라이 칸의 손자 카말라의 딸 부
다시린 공주와 결혼해 부마가 되었습니다. 촌수로 따지면 쿠
빌라이의 외손자이면서 증손자사위가 된 것이죠.

충선왕이 성장하면서 충렬왕과 사이가 벌어지고 결국 권력
투쟁으로 번졌습니다. 충선왕이 스물네 살이 되던 1298년,
원에서 그를 갑자기 고려 국왕으로 책봉했습니다. 물론 그
이전에 충렬왕이 아들에게 왕위를 물려주겠다는 표문을 올
린 바 있었죠. 원은 이를 받아들이는 형식으로 왕을 교체했
지만, 그 뒤 충렬왕의 태도를 보면 자발적으로 양위한 게 아
님이 분명합니다. 아마도 원의 압력이 작용했을 것입니다.

삼국시대 이래 우리나라 여러 왕조는 중국 왕조로부터 책
봉을 받았지만, 책봉국의 강요로 국왕이 바뀐 것은 이때가

처음입니다. 이후에도 원의 결정에 따라 고려 국왕이 교체되는 일이 잦았습니다. 한 번 왕위에 올랐다가 쫓겨나고, 다시 복위하는 사례도 생겼죠. 충렬왕-충선왕-충렬왕-충선왕-충숙왕-충혜왕-충숙왕-충혜왕, 이렇게 이어집니다. 책봉-조공 관계를 맺었다 해도 이래도 되나 하는 의문이 들 수 있죠.

그럼에도 저는 이러한 국왕 교체 역시 책봉-조공 관계의 범주 안에 들어간다고 봅니다. 다시 말해, 책봉을 통해 왕이 교체되었다고 해서 곧바로 책봉-조공 관계가 깨졌다고 볼 수는 없다는 뜻입니다. 책봉의 형식은 살아 있었고, 원이 국왕을 교체할 때 고려의 왕위 계승 원칙을 지켰다는 점도 주목할 필요가 있습니다. 하지만 고려 국왕 입장에서 보면, 언제 왕위에서 쫓겨날지 모르는 불안한 처지였던 셈입니다. 그러니 원의 요구에 순응하면서도 늘 긴장해야 했을 겁니다.

그렇다면 원의 입장은 어땠을까요? 1278년 충렬왕과 쿠빌라이 칸의 합의에 따라 고려에서 군대와 다루가치를 철수하고, 홍차구 같은 관리도 소환했습니다. 이렇게 물리적 간섭 수단을 거둬들인 이상, 원이 고려 정치에 개입할 수 있는 유일한 통로는 국왕 책봉이었습니다. 그래서 책봉 권한을 강화함으로써 영향력을 유지하려 했던 것이죠. 즉, 고려에 대한 원의 간섭은 국왕을 매개로 이루어졌다고 정리할 수 있습니다.

그렇다면 1298년에 원은 왜 충렬왕을 퇴위시켰을까요? 뚜렷한 사유를 찾기 어렵습니다. 다만 1294년 쿠빌라이 칸의 죽음이 그 배경에 있었던 것으로 보입니다. 이후 쿠빌라이의 손자 테무르 칸(성종, 재위 1294~1307)이 즉위했는데, 충렬왕은 테무르 칸의 고모부뻘이 되고 나이도 29세나 많았습니다. 어쩌다 보니 충렬왕이 원나라 황실의 '어른'이 된 셈이죠.

충렬왕은 자신의 위치를 활용해서 뭔가를 얻어내려 했습니다. 1294년 테무르 칸이 즉위할 때 충렬왕은 원에 머물고 있었는데, 테무르 칸에게 탐라를 고려에 반환할 것, 고려 유민을 돌려보낼 것, 자신과 쿠툴룩켈미시 공주의 작위를 높여줄 것을 요구했습니다. 또 다음 해에는 자신을 원나라의 최고 관직인 태사太師, 중서령中書令에 임명해달라고 요구했죠. 테무르 칸은 즉시 거절했지만, 충렬왕의 이런 적극적 태도가 다소 부담스러웠던 것 같습니다.

테무르 칸이 충렬왕을 탐탁지 않게 여긴 흔적은 또 있습니다. 1296년 원에서 《세조실록》을 본 테무르 칸이 이렇게 말했습니다. "쿠툴룩켈미시는 소예순성태후의 소생이 아닌데 어째서 공주라고 했는가?" 사실 쿠툴룩켈미시는 쿠빌라이 칸의 정비인 소예순성태후의 딸이 아니었습니다. 하지만 쿠빌라이 칸이 살아 있을 때는 전혀 문제 되지 않다가 갑자기 수면 위로 떠오른 것이죠. 칸이 공주의 지위를 의심했다는 건 곧 충렬왕의 부마 지위가 흔들릴 수 있다는 뜻이었습니다.

설상가상으로 1297년에는 쿠툴룩켈미시 공주마저 병으로 세상을 떠났습니다. 충렬왕과 원 황실을 이어주던 끈이 끊긴 셈이죠. 이러한 일련의 상황이 충렬왕의 입지를 약화시켰고, 아마도 이 무렵부터 원에서 고려 왕위 교체를 본격적으로 생각하지 않았을까 추측됩니다.

그보다 앞서 1295년에 원은 왕원을 '고려국 왕세자'로 책봉했습니다. 왕이 아닌 왕세자 책봉은 드문 일인데, 이로써 왕원의 지위가 더욱 강화되었을 겁니다. 그리고 1296년에는 진왕 카말라의 딸 부다시린 공주와 결혼해 원 황실의 부마가 되었습니다. 이로써 고려 국왕이 될 자격을 완전히 갖춘 것이죠.

게다가 고려 내에서는 충렬왕에 대한 반감이 컸습니다. 일반 백성은 물론 관리들까지 세자에게 더 많은 기대를 걸었고, 세자가 길을 나서기만 하면 사람들이 몰려와 억울한 일을 호소했다고 합니다. 마침내 1298년 1월, 세자는 원으로부터 고려 국왕에 책봉되어 정식으로 즉위했습니다. 즉위 교서에서부터 부왕의 정치를 바로잡겠다고 선언한 그는 곧바로 아버지의 측근들을 처벌하며 개혁의 고삐를 당겼습니다. 스물네 살의 젊은 국왕이 강력한 권력을 기반으로 개혁에 착수한 순간입니다.

우리 역사학계에서는 1970년대부터 충선왕의 개혁을 '반원 개혁 정치'로 평가해왔습니다. 하지만 제 생각은 다릅니다. 충선왕은 오히려 원에서 목격한 쿠빌라이 칸의 정치를 모델로 삼아 고려의 정치를 고쳐보려 한 것입니다.

예를 들어 그는 충렬왕이 바꿨던 정치제도를 다시 손질했는데, 고려 전기의 관제를 회복한 것이 아니라 새로운 이름을 지었습니다. 충렬왕 때 고려의 3성 6부 제도가 원의 제도와 같아서 격이 맞지 않으니 이를 격하하라는 원의 요구에 따라 관제를 고친 적이 있습니다. 중서문하성을 첨의부로, 추밀원을 밀직사로, 이부를 비롯한 6부는 전리사 등 4사로 고친 겁니다. 그런데 충선왕은 그것조차 충분하지 않다고 여겨 한 번 더 개편해서 원의 요구를 더 충실하게 따랐습니다.

한편 충선왕은 아버지의 측근 신하들이 백성의 토지를 빼앗는 등 온갖 불법을 저질렀다고 지적하며 이들을 과감히 처벌했습니다. 이런 개혁은 당연히 백성들에게 환영을 받았죠.

하지만 개혁을 시작한 지 불과 8개월 만에 충선왕은 왕위에서 물러났습니다. 이 역시 원의 결정이었는데, 아주 전격적으로 이루어졌습니다. 고려에 온 원 사신이 연회 자리에서 갑작스럽게 충렬왕의 복위를 선언한 것이죠. 왜 이런 일이 벌어졌는지는 명확하지 않습니다. 겉으로는 충선왕과 부다시린 공주의 불화가 원인이었다고 하는데, 그런 사적 갈등만으로 국왕을 교체했을 것 같지는 않습니다.

저는 충선왕의 개혁이 반원적이라서가 아니라, 원과 협의 없이 일방적으로 추진됐기 때문에 원의 경계심을 불러일으켰다고 생각합니다. 그래서 퇴위된 이후에도 원에서 생활하며 고려 세자의 지위를 유지할 수 있었던 것이죠. 만약 그의 개혁이 정말 반원적이었다면 불가능한 일입니다.

왕위에 복귀한 충렬왕은 자신을 배신하고 충선왕을 지지한 사람들에게 보복하려 했습니다. 그러나 뜻대로 되지 않았죠. 관료 중 일부가 원에 머물고 있는 충선왕을 계속 지지하며 충렬왕과 대립했기 때문입니다. 이들은 충렬왕의 측근이 자신들을 죽이려 한다는 등 근거 없는 이야기를 지어내 원에 고발했고, 원에서는 충렬왕이 백성의 신망을 얻지 못하고 있다며 사신을 보내 왕권을 제약하려 했습니다. 충렬왕을 복위시키긴 했지만, 충선왕과의 대립을 이용해 견제하려 한 것이죠.

결국 충렬왕은 무리수를 두었습니다. 며느리인 부다시린 공주를 다른 사람과 재혼시켜 충선왕의 부마 지위를 없애려 한 것입니다. 이 이야기는 다소 우습기도 한데요, 당시 충렬왕은 왕족인 서흥후瑞興侯 왕전이 잘생긴 걸 이용해 공주가 자주 다니는 길목에 일부러 오가게 해서 둘이 우연히 마주치도록 했다고 합니다. 이른바 미남계였죠. 그러나 이런 개가 시도는 원나라 황실의 반대로 무산되고 말았습니다. 충렬왕과 충선왕 부자의 갈등은 이후로도 10년 가까이 계속되었죠.

원에서는 실력자로, 고려에서는 개혁 군주로

왕위에서 물러난 충선왕은 원에서 황실의 일원으로 예우를 받으며 지냈습니다. 당시 그는 쿠빌라이의 증손자 카이샨·아유르바르와다 형제와 매우 가까이 사귀었는데, 사료에는 조금 과장해서 "밤낮으로 떨어지지 않았다"고 기록할 정도였습니다.

그렇게 10년이 흐른 뒤, 1307년 테무르 칸이 사망하고 후계 경쟁이 벌어졌습니다. 쿠빌라이 칸의 손자 아난다와 증손자 카이샨·아유르바르와다 형제가 싸웠죠. 결국 카이샨 형제가 승리하고, 카이샨 칸(무종, 재위 1307~1311)이 즉위했습니다. 이때 충선왕에게도 기회가 찾아왔습니다. 충선왕은 카이샨 형제 편에 선 반면, 충렬왕은 아난다 편에 섰거든요.

충렬왕이 왜 이 싸움에 끼어들었을까요? 아마도 의도한 일은 아니었을 겁니다. 충렬왕은 다만 테무르 칸의 황후와 연결돼 있었고, 마침 그 황후가 아난다를 지지했던 겁니다. 결과적으로 충렬왕은 내전에서 패한 세력으로 분류됐습니다. 한편, 충선왕은 카이샨이 즉위하자마자 공신에 책봉되고 태자태부太子太傅로서 원의 최고 행정기관인 중서성 회의에도 참석했습니다. 여기에 더해 심양왕瀋陽王에 책봉되는데, 심양(지금 랴오닝성 선양) 지역에는 몽골과 전쟁할 때부터 고려 사람이 많이 이주해 살고 있었죠. 심양왕은 이들에 대한 통치권을 행사하는 지위였습니다. 심양왕은 1310년부터 '심왕瀋王'으로 명칭이 바뀌는데, 이는 위상이 더 높아졌음을 의미합니다.

원에서 실력자가 된 충선왕은 즉시 충렬왕을 공격했습니다. 당시 충렬왕도 원에 머물고 있었는데, 충선왕은 그를 절에 유폐시키고 측근들을 처형했습니다. 그와 동시에 고려로 사람을 보내 핵심 군사 기구인 순군부巡軍府를 접수하고, 새로운 인사 명단을 발표해서 관리들을 교체하고 권력을 장악했습니다.

그 무렵 충렬왕이 세상을 떠났습니다. 1308년 향년 72세로 갑작스러운 죽음은 아니지만, 급격한 정세 변화와 패배감이 죽음을 앞당겼을 수도 있지요. 어쨌든 할아버지 고종이 죽었을 때 태손으로서 공백을 메웠고, 아버지 원종이 임연에 의해 쫓겨났을 때는 몽골에서 복위 운동을 주도했으며, 쿠빌라이 칸과의 협상으로 세조구제를 완성한 국왕이자 첫 부마국왕이기도 했던 충렬왕은 그렇게 쓸쓸하게 퇴장했습니다.

곧이어 충선왕이 왕위에 올랐는데, 두 번째 즉위였죠. 고려로 돌아온 충선왕은 10년 전 중단되었던 개혁을 다시 추진했습니다. 하지만 그 10년 동안 충선왕도 달라졌습니다. 초기에 보였던 개혁의 순수성은 사라지고, 아버지의 측근들이 차지하고 있던 자리를 자신의 측근들로 채워 넣었습니다.

또한 10년 전에는 민생 회복을 내세웠던 그가 이번엔 왕실 재정을 확충하기 위한 개혁을 밀어붙였습니다. 몽골에서 사용할 정치자금을 고려에서 마련하려는 의도였죠. 더 큰 문제는 개혁을 시작만 해놓고 다시 원으로 돌아가버렸다는 것입니다. 국왕이 자리를 비우고 외국에 머무는 매우 이례적인 상황이 벌어진 겁니다.

충선왕은 이때도 원의 제도를 적극 받아들였습니다. 할아버지 원종과 아버지 충렬왕이 끝까지 지키려 한 '불개토풍'의 원칙을 스스로 깬 셈이죠. 복위 교서에서는 왕실의 동성혼同姓婚 폐지를 선언했습니다. 고려 왕실의 여성, 즉 공주들은 전통적으로 모두 동성혼을 해왔습니다. 고려 500년 역사에서 공주가 동성혼이 아닌 혼인을 한 것은 단 한 번, 제22대 국왕 강종의 서녀가 최충헌과 결혼한 사례뿐입니다. 당시 최충헌은 국왕을 능가하는 실권자였으니 예외 중 예외였죠.

이처럼 오랜 전통이 있었음에도 충선왕은 원의 요구를 받아들여 이를 폐지하고, 왕실과 혼인할 수 있는 열다섯 가문을 지정하며 이들을 대대로 재상을 배출한 명문 가문이란 뜻에서 '재상지종宰相之宗'이라고 일컬었습니다.

충선왕은 원의 제도를 고려에 정착시키려는 시도를 여러 차례 했습니다. 예를 들어 고려는 전통적으로 좌左를 우右보다 높게 여겼지만, 충선왕은 원나라처럼 우를 좌보다 위에 두었습니다. 이에 따라 관직 서열도 우시중이 좌시중보다 상위에 놓였습니다. 원 문화의 수용은 중대한 문제였죠. 왜냐하면 원종과 충렬왕이 쿠빌라이 칸으로부터 약속받은 '불개토풍'이 국가로서 고려의 독립성을 유지하는 핵심 근거였는데, 충선왕이 이를 스스로 포기한 셈이거든요.

그렇다면 국가의 독립성은 어디에서 보장받을 수 있을까요? 아마도 충선왕은 이렇게 생각했을 겁니다. '내게 권력이 있으니 고려는 내 힘으로 유지될 수 있다.' 하지만 문제는 그 권력이 영원할 수 없다는 데 있었습니다. 충선왕이 사망하거나 권력을 잃게 되면 과연 고려의 국가 유지를 장담할 수 있을까요? 얼마 뒤, 이러한 우려가 현실로 나타났습니다. '권불십년權不十年'이라는 말처럼 충선왕의 권력도 오래가지 못했거든요.

개인 능력에 의존한 충선왕의 정치

고려 국왕이 국내에 있지 않은 상황에서 통치는 어

떻게 이루어졌을까요? 충선왕은 원에 머물면서 고려로 문서를 보내 명령을 내렸습니다. 그러려면 고려에는 왕의 뜻을 정확히 파악하고 실행할 수 있는 사람들이 필요했겠지요. 실제로 충선왕의 측근들이 요직에 올라 멀리서 오는 왕명을 수행했습니다. 결국 충선왕도 자신이 그토록 비판했던 아버지 충렬왕처럼 측근 정치에 의존한 것입니다.

나아가 충선왕은 원의 정치적 영향도 직접 받았습니다. 충렬왕은 원과 일정한 거리를 유지하려고 했습니다. 원의 정치가 고려에 미치는 영향을 최소화하려 했고, 스스로도 원의 정치에 개입하지 않았죠. 그러나 충선왕은 그 벽을 허물고 원의 정치에 적극 뛰어들었습니다. 카이샨 칸 옹립이 대표적입니다. 그 덕분에 권력 기반이 강해졌으니, 원의 정치에서 발을 빼기도 어려웠을 것입니다.

문제는 고려 국왕이 원의 정치에 개입하는 전례가 생기면서, 반대로 원에서도 고려 정치에 개입할 명분과 길이 열렸다는 데 있습니다. 충선왕은 자신의 권력으로 이를 막아냈지만, 그 권력을 잃을 경우 상황은 어떻게 될까요? 실제로 그런 일이 벌어졌습니다.

테무르 칸이 사망한 뒤 벌어진 내전에서 카이샨·아유르바르와다 형제가 힘을 합쳐 승리하고 카이샨이 칸에 즉위했지만, 어느 순간부터 두 형제간에 균열이 나타나기 시작했습니다. 그러던 중 카이샨 칸이 31세의 젊은 나이로 사망하고, 동생 아유르바르와다 칸(인종, 재위 1311~1320)이 즉위했습니다. 사실 두 사람은 제위 계승에 대한 약속을 맺은 터였어요. 먼저 카이샨이 칸이 되고, 아유르바르와다가 그 뒤를 이은 다음, 다시 카이샨의 아들이 후계자가 되기로 한 겁니다. 이 약속에 따라 아유르바르와다가 칸이 되었지만, 그는 약속을 지키지 않았습니다. 이에 두 형제의 어머니인 다기 태후가 약속 이행을 요구했고, 이로 인해 황제와 태후 사이에 갈등이 생겼습니다. 여기에 권신 테무데르가 태후 편에 서서 황제와 대립하면서 갈등은 장기화되었습니다. 이러한 싸움은 이후 원 말기까지 이어지는 권신의 출현과 빈번한 황제 교체로 인한 극심한 정쟁의 출발점이 되지요.

　이런 혼란 속에서 충선왕도 무사할 수 없었습니다. 그는 카이샨 칸을 옹립하고 한때 권력을 쥐었지만, 곧 요양행성遼陽行省의 우승右丞으로 있던 고려인 홍중희의 공격을 받았습니다. 홍중희는 바로 홍차구의 아들로, 고려 왕실에 적대적 태도를 보여왔습니다. 그 역시 카이샨 칸 옹립에 기여한 공으로 세력을 얻자마자 충선왕을 견제하고 나섰지요. 그의 주장은 충선왕이 고려 국왕과 심왕을 겸하는 것은 부당하다는 것이었습니다. 충선왕은 복위 전에 이미 심왕에 책봉되었고, 그 상태에서 고려 국왕이 되었으므로 두 지위를 함께 갖고 있었죠. 홍중희의 주장은 원 조정 내에서도 상당한 지지를 얻었습니다. 다만 그때만 해도 충선왕의 권력이 막강했던 터라 이 문제는 오히려 홍중희가 유배당하는 것으로 일단락되었습니다.

카이샨 칸이 죽자 충선왕의 위상은 오히려 더욱 강화되었습니다. 처음부터 충선왕은 두 형제 중 아유르바르와다의 편에 서 있었기 때문입니다. 그러나 황제와 대립하던 다기 태후 측에서 충선왕을 공격하기 시작하면서 상황이 달라졌습니다. 그들은 충선왕에게 고려 국왕과 심왕 중 하나를 포기하라고 요구했어요. 아마도 충선왕이 심왕 자리를 내놓고 고려로 돌아갈 것이라고 예상했을 겁니다. 그러면 아유르바르와다 칸에게도 정치적 타격을 줄 수 있을 것이라 계산했겠지요.

그런데 충선왕이 예상 밖의 결정을 내렸습니다. 고려 왕위를 포기하고, 심왕 자리를 선택한 겁니다. 원에 남아 활동하는 편이 자신의 권력을 유지하는 데 더 유리하다고 판단했기 때문이죠. 대신 고려 왕위는 아들에게 넘겼습니다. 그렇게 해서 1313년 충숙왕(제27대, 재위 1313~1330, 1332~1339)이 즉위했습니다. 충선왕은 왕위를 아들에게 넘기더라도 고려에 영향력을 행사하는 데는 큰 지장이 없을 것이라 여겼을 겁니다.

그는 만일의 사태에 대비해 안전장치 하나를 마련해둡니다. 바로 자신의 조카 왕고를 고려 세자로 임명하고 툴루게로 삼아 원으로 불러들였습니다. 상황에 따라 충숙왕을 폐위하고 왕고를 새 국왕으로 세울 수 있게 해놓은 것이지요. 그렇게 하면 충숙왕도 충선왕의 뜻을 거스를 수 없을 테니까요. 그러나 이러한 결정이 충숙왕과 왕고 간의 갈등을 불러오고, 고려의 정치를 대혼란에 빠뜨리는 불씨가 되고 맙니다. 충선왕은 자신의 권력이 언제까지나 지속할 것이라 믿었지만, 내일 무슨 일이 일어날지 모르는 사람의 오만한 생각이었습니다.

충선왕이 불러온 빛과 그림자

충선왕이 충렬왕과 그랬던 것처럼 시간이 흐르면서 충선왕과 충숙왕 부자 사이에도 불화가 생겼습니다. 먼저, 1315년 충숙왕의 아들(훗날 충혜왕)이 태어나자 충선왕은 왕고에게서 세자 자리를 회수했습니다. 장래에 그 손자를 세자 지위에 앉혀야 한다고 생각한 것이지요. 대신 왕고에게는 자신이 가지고 있던 심왕 자리를 넘겨주고, 자신은 원에서 받은 관직 이름을 따서 태위왕太尉王이라고 자칭했습니다. 왕고 역시 원 공주와 혼인해서 부마의 지위를 얻었습니다. 부마가 되었다는 것은 곧 고려 국왕이 될 자격을 갖췄음을 의미하지요.

1318년, 25세가 된 충숙왕은 아버지의 그늘에서 벗어나 친정을 시도했습니다. 하지만 충선왕은 이 시도를 진압하고 관련자들을 모두 처벌했죠. 그 결과 충선왕과 충숙왕 사이의 갈등은 더욱 심화되었습니다. 그러던 중 1320년 몽골에서 아유르바르와다 칸이 사망했습니다. 원 황실에서는 누가 다음 칸이 될지가 최대 관심사로 떠올랐지요. 약속대로라면 카이샨의 아들이 계승해야 했지만 아유르바르와다의 아들 시데발라가 칸이 되었습니다.

이 때문에 몽골 황실은 크게 소란스러웠고, 새로 즉위한 시데발라 칸(영종, 재위 1320~1323)의 권력도 약해질 수밖에 없었습니다. 카이샨과 아유르바르와다의 어머니 다기 태후가 시데발라의 즉위에 반대하고, 태후의 총애를 받는 권신 테무데르가 시데발라 칸과 대립했습니다.

황제와 태후 그리고 태후의 신임을 받는 권신 등 최고 권력자들이 세력을 다투는 가운데 자신의 욕망을 채우려는 자들이 등장했습니다. 그중 하나가 고려인 출신으로 원에 들어가 환관이 된 임바얀투구스였습니다. 고려에서의 성은 임씨였고, 몽골 이름이 바얀투구스였지요. 고려는 충렬왕 때부터 원에 환관을 많이 보냈는데, 그중 일부가 다시 고려로 돌아와 큰 권세를 누리곤 했습니다. 이러한 일은 조선 초에도 있었죠. 조선 초기에 명나라에서 파견해온 사신 가운데 다수가 환관이었고, 그중엔 조선 출신도 많았습니다. 조선 국왕 입장에서는 곤혹스러웠을 겁니다. 조선의 천민이 명나라 환관이 된 뒤, 다시 조선에 와서는 국왕과 맞먹는 위치에 놓였으니까요. 그 시작이 바로 임바얀투구스였습니다.

고려에서 임바얀투구스는 본래 노비였는데, 스스로 거세하고 원으로 들어가 아유르바르와다 칸이 황제가 되기 전부터 시중을 들었습니다. 이를 계기로 권세를 누리며 고려에서 다른 사람의 토지와 노비를 빼앗다가 충선왕에게 처벌을 받은 적이 있습니다. 이 일로 앙심을 품고 있던 그는 시데발라 칸이 즉위하고 권력투쟁이 벌어지자, 테무데르 편에 서서 충선왕을 모함했습니다. 든든한 후원자였던 아유르바르와다 칸이 세상을 떠난 뒤 입지가 불안해진 충선왕은 임바얀투구스의 모함으로 1320년 12월, 원의 수도인 대도에서 무려 1만 5,000리나 떨어진 토번(티베트)으로 유배를 떠났습니다.

충선왕의 처지도 안타깝지만, 더 안된 것은 고려였습니다. 충선왕이 권력을 잃고 유배되자, 원의 간섭을 막아줄 바람막이가 없어졌기 때문입니다. 가장 먼저 충숙왕이 어려움에 처했습니다. 시데발라 칸과 테무데르가 서로 대립하며 각각 충숙왕과 충선왕을 공격했는데요, 테무데르는 충선왕을 겨냥하고, 시데발라 칸은 충숙왕을 압박했습니다. 충선왕이 유배를 떠난 시점에 충숙왕도 원에 소환되어 국왕인國王印을 빼앗기고 억류당했습니다. 전혀 다른 이유에서 고려에 국왕이 부재한 상태가 되어버린 것이죠.

한편에서는 심왕 왕고를 고려 국왕으로 옹립하려는 움직임이 일어났습니다. 이를 '심왕 옹립 운동'이라 부르지요. 시데발라 칸이 충숙왕을 공격하는 상황을 지켜보며, 충숙왕 대신 왕고를 국왕으로 세우자고 하면 칸의 지지를 받을 수 있으리라 기대한 것입니다. 하지만 이들의 주장은 예상과 달리 원나라 황실의 반대에 부딪혔습니다. 국왕에게 아들이 있는데 조카를 왕으로 삼는 것은 고려의 전통에 어긋나며, 세조 구제에 위배된다는 게 이유였습니다.

문제는 또 있었습니다. 심왕 왕고가 고려 국왕이 되면 이전에 홍중희가 충선왕을 공격하면서 했던 주장이 다시 제기될 수 있었던 것이지요. 한 사람이 두 개의 왕위를 갖게 되니까요. 그러자 심왕을 옹립하려던 쪽에서도 생각을 바꾸고, 이 기회에 아예 고려를 원의 행성으로 만들자는 주장이 나온 겁니다. 그렇게 되면 고려는 없어지고 원의 지방으로 전락하는 것이니 실로 위험천만한 일이 아닐 수 없지요. 이들은 원에서 그 계획을 실현하기 위해 백방으로 뛰어다녔는데, 이런 움직임을 '입성책동立省策動'이라 부릅니다.

1323년에 벌어진 입성책동은 상당히 진척되었습니다. 새로 설치할 행성의 이름을 '삼한행성三韓行省'으로 정하기까지 했으니까요. 이 위기 앞에서, 고려는 전가의 보도를 꺼냈습니다. 바로 "고려를 유지하는 것이 세조의 약속인데, 지금 행성을 만든다면 세조구제에 어긋난다"는 주장이었지요. 그러자 원에서도 이 주장을 받아들였습니다. 세조구제 덕분에 입성 책동을 막아내고, 간신히 국가를 유지할 수 있었던 것이지요. 하지만 이러한 과정을 거치면서 세조구제 자체가 점차 위기에 처한 것도 사실입니다.

원 간섭기에 고려에는 두 가지 외교 노선이 존재했습니다. 충렬왕은 내정에서 측근 정치라는 문제를 안고 있었지만, 외교에서는 세조구제를 철저히 유지하며 고려의 독립성을 지키고자 했습니다. 반면, 충선왕은 자신의 권력을 발판 삼아 세조구제의 틀을 넘어 고려의 위상을 강화하려 했지요. 다시 말해, 충렬왕은 세조구제를 지키려 했고, 충선왕은 세조구제 너머를 바라본 것입니다.

개인적 자질이나 정치적 능력 면에서는 충선왕이 충렬왕보다 뛰어났을 겁니다. 실제로 몽골인조차 함부로 건드릴 수 없을 정도의 실력자였으니까요. 하지만 충선왕의 외교는 국왕 개인의 역량에 크게 의존했던 만큼 제도화되지 못하는 취약점을 안고 있었습니다. 충선왕의 외교는 의도한 것과 달리 역효과를 불러왔고, 결과적으로 원의 간섭이 고려 내부로 더 깊이 스며드는 결과를 초래했습니다. 그리고 그 여파는 후대 국왕들에게 고스란히 이어져 더 큰 어려움으로 돌아왔지요.

1323년 8월, 원에서 정변이 일어나 시데발라 칸이 암살되었습니다. 뒤이어 이순테무르 칸(태정제, 재위 1323~1328)이 즉위하면서 충선왕도 유배에서 풀려나 대도로 돌아왔습니다. 하지만 끝내 고려로 귀국하지 못한 채 1325년 대도에서 향년 51세로 생을 마감하고 말았습니다.

충선왕은 빛과 그림자가 뚜렷한 국왕이었습니다. '왕원'과 '이질부카'라는 두 개의 이름만큼이나 그의 삶은 강렬한 대비로 가득했지요. 원에서 막강한 권력을 행사했던 것은 분명한 '빛'이지만, 정치적 혼란 속에 멀리 티베트까지 유배된 것은 '그림자'였습니다. 원에서 실력자가 되어 고려에 대한 간섭을 막아낸 것은 빛나는 업적이지만, 그의 몰락으로 인해 오히려 원의 간섭이 더욱 강해졌다는 점에서는 어두운 그림자를 남겼습니다.

기황후, 친원 세력의 등장

친원파란 누구인가

고려 때 원나라에 협력한 사람들을 보통 '친원파親元派'라고 부릅니다. 이 말이 낯설지 않게 들리는 건 아마도 '친일파'라는 단어에 오래도록 익숙해져 있기 때문일 겁니다. 그런데 막상 친일파를 명확하게 정의하기가 쉽지만은 않습니다. 어디까지를 친일 행위로 봐야 하는지에 대한 논란이 여전히 계속되고 있으니까요.

그에 비해 친원파를 정의하는 일은 상대적으로 덜 어려울 수 있습니다. 너무 오래전 일이다 보니 오늘날의 현실 정치와 바로 연결되지 않기 때문이지요. 그렇다고 단순히 '원과 친했던 사람' 정도로만 정의할 수는 없습니다.

1259년 고려가 몽골과 강화를 맺고 1356년 공민왕이 반원反元 운동에 성공할 때까지 거의 100년 가까이 원의 간섭이 이루어졌고, 그중 1273년 삼별초 항쟁을 진압한 뒤로는 고려에서 원에 저항하는 뚜렷한 움직임이 없었습니다. 어찌 보면 그 시기 고려 사람들 대부분이 원과 친하게 지내려 했다고 할 수 있습니다. 실제로 많은 사람이 원에 반감을 드러내기보다 그 간섭을 냉정한 현실로 받아들이며 "전쟁에서 졌지만 나라가 망하지 않은 것만 해도 다행이다"라고 여겼을 가능성이 높습니다.

그렇다고 그들 모두를 친원파라고 부를 수는 없겠지요. 그렇다면 친원파는 어떻게 정의해야 할까요? 단지 일본에 우호적인 태도를 보였다는 이유만으로 친일파라고 하지는 않죠. 친일이라는 말에는 '자신의 이익을 위해 민족을 배신했다'는 의미가 내포되어 있습니다. 친원파도 마찬가지일 겁니다. '원의 간섭에 기대어 고려의 국익을 해친 사람들'이라고 정의하면, 설득력이 있지 않을까요? 여기에 '자신의 이익을 위해'라는 말을 덧붙이면 더 좋을 것 같습니다.

시기적으로 볼 때 친원파에는 두 부류가 있습니다. 첫째는 전쟁 중 몽골의 침략에 적극 협조한 부류입니다. 대표적 예가 일찌감치 몽골군에 항복하고 앞잡이를 자처한 홍복원 일가입니다. 이들의 행위는 명확하게 반역으로 볼 수 있지요. 둘째는 강화 이후 원의 내정 간섭에 협조한 부류입니다. 하지만 이 경우는 반역 행위인지 아닌지 단정하기가 쉽지 않습니다.

그래서 저는 한 가지 기준을 만들어봤습니다. 고려가 국가를 유지할 수 있었던 근거를 세조구제라고 보고, 이것을 훼손하려 한 사람을 친원파로 정의하는 것입니다. 이렇게 하면 친원파의 범주를 좀 더 명확하게 설정할 수 있을 것입니다.

먼저, 전쟁 중 항복하고 몽골의 앞잡이가 된 사람들입니다. 대표적 인물이 앞서 말한 홍복원인데요, 그의 반역 행위는 그 아버지 홍대순 때부터 시작됩니다. 홍대순은 압록강 바로 아래에 있는 인주麟州(평안북도 의주)의 도령都領이라는 하급 군 지휘관이었는데, 1218년 몽골군이 고려와 형제 맹약을 맺고 돌아가면서 인주를 지날 때 스스로 항복했습니다. 몽골은 고려에 정보원을 심듯 그와 관계를 맺었죠. 홍대순은 이후 몽골어를 익혔고, 아들 홍복원에게도 가르쳤을 겁니다.

1231년 몽골의 1차 침략 때 압록강을 건너 인주로 진입하자, 당시 26세이던 홍복원이 몽골군을 맞이하고 개경으로 가는 길을 안내했습니다. 이듬해 몽골군이 처인성 전투에서 패해 물러날 때는 무리를 이끌고 서경 일대를 점령하고 있다가 반란을 일으켰는데, 곧 고려군에 쫓겨 몽골로 도망쳤습니다.

몽골은 망명한 홍복원 무리를 요양과 심양 일대에 집단 징착시키고, 그들에 대한 통치권을 홍복원에게 맡겼습니다. 이때 그가 받은 관직 이름이 '관령귀부고려군민장관管領歸附高麗軍民長官'입니다. 항복한 고려의 군인과 민간인을 관리하는 장관이란 뜻이죠. 홍복원은 이 지역에 자리를 잡고 이후 몽골이 고려를 침략할 때마다 3,000명가량의 병력을 이끌고 앞장섰습니다. 그 공으로 몽골에서 지위도 높이 올라갔지요.

하지만 홍복원의 최후는 비참했습니다. 그는 1258년 몽골에서 사망했는데, 이와 관련해《고려사》에는 흥미로운 이야기가 전해집니다.

고종 37년(1250) 원에 인질로 간 영녕공 왕준이 홍복원의 집에 머물게 되었다. 홍복원은 그를 극진히 대접했지만, 시간이 흐르면서 두 사람 사이에 갈등이 생기고 왕준의 불만도 점점 쌓여갔다. 고종 45년(1258) 홍복원이 무당을 시켜 나무 인형을 만들게 하고, 그 인형의 손을 묶은 뒤 머리에 못을 박아 땅에 묻거나 우물에 던지며 왕준을 저주했다. 이를 눈치챈 교위校尉 이주가 황제에게 아뢰었고, 황제는 사신을 보내 사실 여부를 조사하도록 했다. 홍복원은 "아이가 학질에 걸려 이를 치료하기 위해서 한 일일 뿐입니다"라고 해명하면서 왕준에게 "공이 내게 은혜를 입은 지 오래인데 어찌 저를 모함하십니까? 이는 기르던 개가 주인을 무는 격입니다"라고 하였다. 홍복원의 말투가 거칠고 불손한 것을 듣고 왕준의 부인이 크게 노해서 홍복원을 무릎 꿇리고 꾸짖으며 "너는 네 나라에 있을 때 무엇 하던 사람이었느냐?"라고 물었다. 홍복원이 "변방 사람이었습니다"라고 대답하자 부인이 다시 "우리 공은 무엇 하던 분이냐?"라고 물었다. 그가 "왕족이셨습니다"라고 대답하자 부인이 "그렇다면 우리 공이 주인이고 네가 개이거늘, 도리어 공을 개라 하며 주인을 문다고 말한 것은 무슨 연유냐? 나는 황족인데, 황제께서 우리 공이 고려 왕족이라며 혼인시켰다. 그래서 아침저녁으로 정성을 다해 공을 모시며 마음을 다잡고 있는데, 만약에 공이 개라면 나는 개와 함께 사는 셈이 아니냐? 당장 황제께 아뢰겠다" 하고는 바로 황제가 머무는 곳으로 향했다. 홍복원은 울며 머리를 조아리고 용서를 빌었다. 왕준도 부인을 말리기 위해 쫓아갔으나 끝내 따라잡지 못했다. 홍복원이 자기 재산을 털어 왕준에게 뇌물로 바치고는 길을 재촉해 뒤따라가던 중 길에서 황제의 명을 받들고 오는 사람을 만났다. 그는 장사 수십 명을 시켜 홍복원을 발로 밟아 죽이고, 그의 아내와 아들 홍차구, 홍군상 등을 형틀에 씌워 압송했다. _**《고려사》〈열전 홍복원〉**

왕준과 홍복원은 고려에서라면 왕족과 변방의 하급 장교이니 상대가 되지 않지만, 몽골에서는 황제 등 권력자와의 친분에 따라 얼마든지 관계가 역전될 수도 있었던 것이지요. 이 경우에는 왕준과 혼인한 몽골 황족 출신 부인이 앞장서서 홍복원을 제압했기에 망정이지 그러지 않았다면 어떤 봉변을 당했을지 모릅니다. 홍복원은 그 지위와 권력이 전적으로 몽골 황제의 신임에서 나온 것인 만큼 몽골을 위해 무슨 일이든 할 수 있는 사람이었습니다. 이런 사람을 친원파라고 부를 수 있겠지요.

홍복원은 비참한 최후를 맞았지만, 그의 아들들은 계속 몽골에서 활동했습니다. 당연히 아버지의 죽음에 악감정을 품고 고려를 모함했지요. 그 아들 가운데 가장 대표적 인물이 홍차구(1244~1291)입니다. 그는 어려서부터 몽골 군인이 되어 용맹하다는 칭찬을 들었습니다. 쿠빌라이 칸이 알아줬을 정도예요. 15세에 아버지의 죽음을 지켜봤고, 18세에 아버지의 관직을 이어받아 관령귀부고려군민장관에 임명되었습니다. 그리고 2년 만에 아버지의 복수를 하죠. 쿠빌라이 칸에게 왕준을 모함한 겁니다. 쿠빌라이는 왕준이 지휘하던 군대를 모두 빼앗아 홍차구에게 넘겼습니다. 모함의 구체적 내용은 기록에 남아 있지 않지만, 요양·심양 지역에 살고 있던 고려인들에 대한 통치권이 홍복원에서 왕준을 거쳐 다시 홍차구에게 돌아간 것은 분명합니다.

1271년 삼별초 진압을 위해 몽골군이 고려로 왔을 때 그 지휘관 중 한 명이 홍차구였습니다. 그는 고려 국왕에게 절도.하지 않고 맞상대를 했죠. 억울하게 죽은 아버지의 복수를 하려는 의도였을까요? 이어 1274년과 1281년 두 차례에 걸친 일본 공략에도 홍차구는 몽골군 최고 지휘관으로 참전했고, 1287년 몽골에서 나얀의 반란을 진압할 때도 공을 세웠습니다.

그 결과, 홍차구는 몽골에서 매우 높은 지위에 올랐고, 고려에서도 함부로 건드릴 수 없는 존재로 부상했죠. 충렬왕조차 "나는 황실의 부마다"라는 말로 그의 기세를 겨우 꺾었을 정도로 국왕에게조차 만만한 상대가 아니었습니다. 홍차구는 몽골 황실로부터 신임도 받았고, 몽골로 들어간 고려인들을 통치할 권한을 가졌습니다. 더구나 고려에서 무슨 일이 생기면 언제든 군사를 이끌고 들어올 수 있었으니, 고려 입장에서는 그야말로 껄끄러운 존재였습니다.

홍차구가 죽은 뒤, 그의 지위는 아들 홍중희에게 그대로 이어졌습니다. 홍중희는 고려군민장관뿐 아니라 요양 지역에 설치된 원의 지방 행정 기구인 요양행성의 고위직에도 올랐습니다. 하지만 아버지에 비해 운이 없었는지 너무 벅찬 상대를 만났죠. 바로 충선왕입니다.

충선왕이 카이샨을 황제로 옹립하며 실력자로 부상했을 때 홍중희도 같은 진영에 있었습니다. 하지만 충선왕과는 경쟁 관계였죠. 그는 충선왕이 고려 국왕과 심왕을 겸하고 있는 것을 트집잡아 공격했다가 오히려 장형을 받고 유배를 갔지요. 하지만 그의 공격은 충선왕에게 큰 타격을 입혀 고려 왕위를 아들에게 물려주게 되었습니다. 이로 인해 충선왕은 아들 충숙왕과 갈등이 불거지고 서로 대립하게 되었지요. 홍중희는 죽고 나서도 '내가 진 게 아니다'라고 생각했을지 모릅니다.

어쨌든 압록강 넘어 요동 지방에 살던 고려인들에 대한 지배권은 한동안 홍씨 집안이 쥐고 있다가 충선왕이 심왕이 되면서 왕실로 넘어갔습니다. 이는 충선왕의 중요한 업적 중 하나예요. 이와 동시에 친원파 홍씨 가문의 권세도 막을 내렸습니다.

초기 친원파에 포함할 수 있는 또 하나의 인물군이 있습니다. 바로 몽골어 통역관들입니다. 몽골과 고려가 마주할 때 당연히 의사소통이 필요했을 텐데, 어떻게 대화했을까요? 당시 고려에는 몽골어를 할 줄 아는 사람이 거의 없었으니, 금나라의 여진족이 통역을 맡았을 가능성이 큽니다. 여진족 가운데는 평소 고려와 왕래하는 사람이 많았으니까요. 몽골과 형제 맹약을 맺을 때 동진 군대가 함께 왔지요? 동진은 금나라 장군 포선만노가 세운 나라예요. 그러니 그 군사들은 거의 여진족이고, 그중 고려와 몽골 사이에서 통역할 만한 사람이 있었을 겁니다.

말은 그렇다 치고 글은 어떻게 했을까요? 처음 몽골이 고려에 보낸 문서는 위구르문자로 되어 있었습니다. 그래서 고려에서 읽지 못 해 곤란을 겪기도 했어요. 그 뒤로는 한문 문서를 보내왔는데, 완전한 한문 문장이 아니라 '몽문직역체蒙文直譯體'라고 해서 몽골어를 한자로 표기하는 수준이었습니다. 1231년 고려를 침략한 사르탁이 보낸 문서가《고려사》에 실려 있는데, 몽문직역체를 연구하는 데 귀중한 자료가 됩니다. 참고로 몽골은 중국을 차지한 뒤로도 중국어와 한문을 배우지 않았어요. 행정 문서는 위구르문자로 작성한 뒤 한문으로 다시 번역했는데, 한문 번역본을 거꾸로 위구르문자로 번역해서 서로 일치하는지 확인했다고 합니다.

문서는 번역하면 되지만, 현장에서는 통역하는 사람이 반드시 필요했습니다. 몽골이 강자이다 보니 고려에서는 몽골어를 할 줄 아는 사람이 꼭 필요했는데요, 이런 기회를 먼저 잡은 사람은 대개 신분이 낮거나 사회적으로 소외된 이들이었습니다. 대표적 인물이 강윤소康允紹입니다. 그는 본래 고려 왕족의 노비였는데, 독학으로 몽골어를 익혀 통역관이 되었고, 그 덕에 출세해서 재상까지 올랐습니다.

또 다른 사례로는 조인규趙仁規가 있습니다. 그는 평양 지방의 향리 출신으로, 전쟁 중 통역관 양성을 위해 시행한 몽골어 교육 프로그램에 선발되었습니다. 3년 동안 몽골어를 열심히 공부해서 탁월한 실력을 인정받았고, 이후 몽골과의 외교 현장에서 통역관의 임무를 충실히 수행했습니다. 이러한 공로를 인정받아 고려의 최고 관직에까지 올랐고, 딸이 충선왕의 왕비가 되었습니다. 그의 평양 조씨 가문은 원 간섭기 이후 고려의 유력 가문으로 성장했는데요, 조선 건국의 일등 공신인 조준이 이 집안 출신입니다.

유청신이라는 통역관도 있습니다. 그는 본래 부곡리部曲吏(부곡의 향리)였는데, 몽골어를 잘해서 관직을 얻었습니다. 그런데 고려의 부곡은 일반 군현보다 차별을 받는 지역이고, 부곡리는 관직에 올라도 정5품까지만 승진할 수 있고 더 이상은 올라갈 수 없었어요. 하지만 유청신은 통역관으로서 공로를 인정받아 특별히 정3품까지 올랐고, 그의 고향 고이부곡高伊部曲은 고흥현으로 승격되었습니다. 무신 집권기에 망이·망소이가 부곡에서 벗어나기 위해 목숨을 걸고 싸웠어도 이루지 못한 꿈을 유청신 혼자 해낸 셈입니다.

고려가 몽골과 전쟁하는 동안 몽골어 통역관은 꼭 필요한 존재였지만, 개인적으로 몽골어를 배운 사람들은 대부분 통역을 하면서 사리사욕을 채우는 데 열중했습니다. 그래서 전쟁이 끝난 뒤부터 몽골어 통역관을 국가에서 양성하기 시작했는데요, 이와 관련해서는 다음과 같은 기록이 있습니다.

충렬왕 2년(1276) 설인舌人(역관)은 대체로 미천하고 졸렬하여 통역하면서 전하는 말이 사실이 아닌 것이 많았으며, 때로는 간사한 마음을 품고 사사로운 이익을 취했다. 김구가 왕에게 건의하여 통문관通文館을 설치했다. _**《고려사》〈열전 김구〉**

김구는 통역 인재의 중요성을 인식하고 왕에게 건의해 통역관 양성소인 '통문관'을 설치했습니다. 이로써 몽골어 교육이 체계화되었고, 몽골어를 구사할 수 있는 사람이 점차 늘어났지요. 그 결과, 초기처럼 몽골어를 잘한다는 이유만으로 출세하고 친원파가 되는 사례는 점차 사라졌습니다.

국가 질서를 무너뜨린 다양한 친원파

환관도 대표적 친원파입니다. 여기서 말하는 환관은 원에 가서 환관이 된 고려 사람을 가리킵니다.《고려사》에 그 내용이 잘 정리되어 있습니다.

제국공주가 원 세조에게 환관 몇 명을 바쳤는데, 이들이 궁궐 안에서 시중드는 일과 재물 관리하는 일을 매우 잘했다. 이에 황제가 고려에 조서를 내릴 때 환관을 사신으로 보내고, 그 집

안의 조세와 부역을 면제하며 일족에게 관직을 내리는 능 은총
이 매우 두터웠다. 이로 인해 요행을 바라는 자들이 부러워하
며 아버지가 아들의 고환을 제거하고, 형이 동생의 고환을 제
거하는 일이 생겼다. 또 난폭한 자들은 조금이라도 분하거나
원망스러운 일이 있으면 스스로 거세했으므로 불과 수십 년 사
이에 거세한 무리가 매우 많아졌다. (…) 임바얀투구스, 방신우,
이대순, 우산절, 이삼진, 고용보 같은 자들은 모두 본래의 주인
을 향해 짖고, 원 황제에게 참소해서 화를 일으켰다.

《고려사》〈열전 환자〉

고려는 환관의 정치 참여를 극도로 막았습니다. 중국의 십
상시 같은 존재가 나오지 않도록 철저히 방어벽을 친 것이지
요. 그런데 원나라에서 환관의 출셋길이 열리자 사람들이 앞
다퉈 환관이 되려고 했습니다. 실제로 임바얀투구스나 고용
보 같은 환관은 고려에 해악을 끼쳤습니다.

환관 문제는 조선 시대까지 이어졌습니다. 명나라에서 조
선에 사신으로 온 이들 대부분이 환관이었는데, 당시 명에서
는 조선에 다녀오면 평생 쓸 재산을 모을 수 있다는 소문이
퍼져 있었습니다. 조선 사신 자리를 따내기 위해 뇌물이 오
갔고, 막대한 돈을 들여 사신 자리를 얻은 이들은 조선에서
그만큼의 이득을 챙겨 돌아갔습니다. 그중에는 명에 가서

환관이 된 조선 사람도 있었는데, 대표적 인물이 태종·세종 때의 환관 황엄입니다. 그는 조선에 사신으로 와서 황제를 대리한다며 위세를 부렸고, 국왕과 대등하게 맞서기도 했습니다.

원 간섭기에는 원으로 망명하는 사람들도 있었는데, 대개 고려 내부의 권력투쟁에서 밀려난 인물들이었습니다. 권력에서 배제되자 몽골 세력과 연계해 고려를 공격하는 이들이 생긴 것입니다. 충렬왕 이후 고려에서는 왕이 개인적으로 신임하는 사람들을 중심으로 국가를 운영했습니다. 말하자면 측근 정치를 한 거지요. 측근이 된 사람들은 왕을 믿고 온갖 불법을 저지르며 권세를 부렸습니다. 그러다 왕이 바뀌면 '끈 떨어진 연'이 되어버렸죠. 새로운 왕에게는 또 다른 측근이 있게 마련이고, 그들은 개혁을 명분으로 온갖 비리를 찾아내 전왕의 측근을 몰아내곤 했습니다. 그렇게 밀려난 사람들 가운데 일부가 살길을 찾아 원으로 망명해 고려를 공격하는 일이 잦았습니다.

그 대표적 사례가 충선왕의 측근들입니다. 본래 충선왕에게는 친원적 성향이 있었지요. 원에 머물던 충선왕이 권력다툼에서 패해 티베트로 유배되고 아들 충숙왕과 갈등을 빚자, 그 측근들은 스스로 살길을 찾아 나섰습니다. 이들은 원에서 심왕 옹립 운동과 입성책동을 벌였는데, 그 피해는 고

스란히 고려로 돌아왔습니다.

충선왕의 핵심 측근이던 유청신과 오잠은 고려를 없애고 원의 행성으로 만들자고 주장했습니다. 원 조정에서 이런 주장을 받아들여 새로 만들 행성의 이름을 삼한행성으로 정할 만큼 일이 진척되기도 했습니다. 결국 행성 설치가 세조구제에 어긋난다는 반대 때문에 중단되었지만, 고려로서는 커다란 위기가 아닐 수 없었습니다. 이들의 공격 때문에 충숙왕이 얼마나 고생했던지, 당시 "귀가 먹고 벙어리가 되었다"는 소문까지 돌았다고 합니다.

그 밖에 혼인을 통해 원과 연결된 이들도 있었습니다. 전쟁 초기에는 사실상 강제 혼인이 이루어졌습니다. 몽골군이 고려에 머무는 동안 고려 여인과 결혼하도록 한 것이죠. 이 시기에 고려는 '과부처녀추고별감寡婦處女推考別監'이라는 관청까지 설치했습니다. '추고'란 검열한다는 뜻으로, 과부와 처녀의 명단을 정리해 몽골군과의 혼인을 주선하는 위원회를 구성한 것입니다. 고려 사람들 입장에서는 당연히 원치 않는 일이었겠지요. 그래서 이 결혼은 강제성을 띠었습니다.

하지만 시간이 지나 고려와 원의 관계가 안정을 찾고, 또 원에서 출세하는 사례가 생겨나자 몽골 사람과의 혼인을 바라보는 시각에도 변화가 일어났습니다. 예를 들어 홍규는 무신 정권의 마지막 집권자인 임유무를 제거하고 왕정을 회복한 공신으로 높은 관직에 올랐습니다. 그에게는 딸이 다섯 있었는데, 첫째 딸이 몽골인 아쿠타이와 결혼했습니다. 아쿠타이는 당시 원나라에서 두 번째로 높은 관직인 좌승상에 오른 실력자였지요. 셋째 딸과 다섯째 딸은 각각 충선왕과 충숙왕의 왕비가 되었고요. 한 집안에서 아버지(충선왕)와 아들(충숙왕), 두 왕에게 딸을 시집보내 2대에 걸쳐 왕비를 배출한 것입니다. 아쿠타이의 아들 베르케부카도 원의 실력자였는데, 고려인 김순의 딸과 혼인을 했습니다. 김순은 일본 침략 당시 고려군을 이끈 명장 김방경의 아들입니다.

이처럼 고려 명문가와 원나라 유력 가문 사이에 혼인 관계가 맺어지자 이를 바탕으로 고려에서 빠르게 출세하거나 정치적 영향력을 행사하는 사람들이 많아졌습니다. 문제는 이들이 사적 이익을 좇으면서 고려의 정치 질서를 어지럽힌 데 있습니다. 정식 절차를 밟지 않고 몇 단계를 건너뛰어 고위 관직에 오르는 경우가 생겨서 일반 관료들의 불만이 커졌습니다. 심지어 신분 질서까지 무너졌는데, 천민이 단번에 고위 관직에 오르기도 했지요. 이런 상황은 고려 사회를 안정적으로 유지해야 한다고 생각한 이들에게는 국가 기틀 자체를 흔드는 일처럼 보였을 것입니다.

또 원에서 신분 상승을 이룬 사람들의 문제는 원이 아닌 고려에서 이익을 챙겼다는 데 있습니다. 그들은 원에 머무르며 활동하기보다 고려로 돌아와 자신의 이익을 키우는 데 몰두했습니다. 이들이 원에서 자리를 잡는 방식은 단순했어요. 고려에 가면 이러이러한 물건이 있다는 식으로 정보를 제공하는 것이죠. 그러면 원에서는 그것을 가져오라 명령하고, 이들은 사신 신분으로 고려에 와서 온갖 횡포를 부리며 그 물건을 확보해 원에 바쳤습니다. 고려는 원과의 갈등 속에서 국가 존립을 위해 끊임없이 노력했지만, 이렇게 자원과 정보가 외부로 유출되면서 국익에 큰 타격을 입었습니다.

홍복원이나 홍차구처럼 전쟁 시기에 몽골군을 이끌고 고려를 공격한 사람들도 만약 평화기에 활동했다면 자신들의 이익을 위해 고려에 해를 끼쳤을 것입니다. 실제로 이들은 고려가 아예 사라지고 원의 행성으로 되는 것이 자신들에게 이득이라는 계산까지 했으니까요. 결국 고려의 독립과 자주를 보장한 세조구제 원칙을 정면으로 부정하는 단계까지 간 것이지요.

충숙왕에 이어 왕위에 오른 충혜왕(제28대, 재위 1330~1332, 1339~1344)의 행보도 혼란을 더했습니다. 그는 악소惡少라 불리는 무뢰배들과 어울리며 온갖 못된 짓을 하는 난봉꾼으로 악명이 높았죠. 국왕임에도 백성들의 재산을 마구 빼앗고, 무역에 손을 대서 개인 재산을 불렸습니다. 자기 마음에 들지 않는 사람이 있으면 거리낌 없이 폭행을 가했는데, 친원파라도 예외는 아니었습니다. 한번은 기황후의 오빠 기륜과 싸우다 직접 그의 집을 전부 부숴버리기도 했습니다.

이런 충혜왕의 행동에 분노한 기철은 "왕이 황음무도하다"며 그 자격을 문제 삼아 입성책동을 일으켰습니다. 이번에도 행성이 설치되지는 않았지만, 충혜왕이 원나라로 압송되는 사태가 벌어졌지요. 다음은 그때의 기록입니다.

충혜왕 후4년(1343) 11월, 원에서 사면령을 반포한다는 명목으로 대경大卿 도치 등 6인을 보내왔다. 정동행성에서 조서를 듣던 중, 도치 등이 갑자기 충혜왕을 발로 차고 결박하였다. 왕이 고용보를 급히 불렀지만, 고용보는 도리어 왕에게 욕을 하였다. 원의 사신들은 모두 칼을 뽑아 들고 왕을 따르던 악소들을 체포하였다. 도치 등은 왕을 말에 태우고 빠르게 이동했는데 왕이 잠시 쉬었다 가자고 청했지만 도치는 칼을 뽑아 협박하였다. 왕이 몹시 괴로워하며 술을 찾자 한 노파가 술을 바쳤다.

_**《고려사》〈세가 충혜왕〉**

이렇게 원으로 압송된 충혜왕은 게양현(지금의 광둥성 지에양 시)까지 유배를 가던 도중 객사했습니다. 이 사건의 바탕에는 충혜왕과 친원파의 대립이 있었습니다. 결국 원에서 친원파를 두둔하고 고려 국왕을 처벌한 것이죠.

고려를 장악한 기황후와 그 일족의 횡포

원 간섭기 말에 친원파를 대표하는 사람이 등장합니다. 원 황제 토곤테무르 칸(순제, 재위 1332~1370)의 황후, 기황후입니다. 그녀는 행주 출신으로, 그 집안은 대대로 고려에서 관직을 지냈습니다. 어려서 원에 공녀로 갔다가 1333년경 고려 출신 환관 투멘데르의 추천으로 궁녀가 되었습니다. 그리고 토곤테무르 칸의 눈에 들어 1339년 아들 아유시리다라를 낳고, 이듬해 제2황후로 책봉되었습니다. 황제의 유일한 아들을 낳았으나 고려 출신이라는 이유로 제1황후가 아닌 제2황후가 된 거죠.

기황후는 황제의 총애를 배경으로 원 조정의 실권을 장악해 갔습니다. 황후 직속 관청으로 재산을 관리하는 자정원資政院을 설치했는데, 이곳을 중심으로 '자정원당'이라는 당파까지 형성되었습니다. 당시 원나라 고위 관료들이 자정원당에 들어갈지 고민했다고 하는데, 실권이 기황후에게 집중될 가능성이 높았기 때문입니다.

기황후는 미인계를 정치적으로 활용하기도 했습니다. 고려에서 공녀를 차출해 원의 고위 관료들에게 선물한 것이죠. 기황후의 영향으로 원나라 지배층 사이에서는 고려의 복식과 생활 문화가 유행했는데, 이를 '고려양高麗樣'이라고 불렀습니다. 고려 풍속이 원나라 전역에 퍼졌다기보다 고위층 내부에서 유행한 현상이었습니다. 훗날 "원이 망한 것은 기황후 때문이다"라는 말이 나올 정도였습니다.

기황후가 권력을 잡고 가장 신경 쓴 일은 토곤테무르 칸으로 하여금 아들 아유시리다라에게 칸 자리를 양보하도록 하는 것이었습니다. 1356년에 첫 번째 시도를 했고, 1359년에 두 번째 시도를 했습니다. 비록 토곤테무르 칸의 완강한 거부로 실패했지만, 기황후는 원나라 황후 중 가장 직접적으로 정치에 개입한 인물이자 가장 강력한 권력을 행사한 황후였습니다. 1365년 제1황후 바얀쿠투가 사망하자 마침내 제1황후가 되었는데, 그로부터 3년 뒤 원이 대도를 명나라 주원장에게 빼앗기고 상도로 쫓겨가면서 상도에서 쓸쓸한 최후를 맞이했습니다. 기황후가 언제까지 살았는지는 정확하게 알려지지 않았습니다.

한편, 기황후가 원에서 권력을 갖게 되자 그녀의 일족들이 고려에서 거침없는 행태를 보였습니다. 한번은 기삼만이라는 기황후 집안 사람이 남의 토지를 강제로 빼앗았다가 정치도감整治都監에 적발되어 감옥에 갇혀 죽는 일이 벌어졌습니다. 이 사건으로 당시 폐정 개혁 기관이던 정치도감의 관리들이 모두 장형을 받고, 개혁도 중단되고 말았습니다.

기씨 집안에서 가장 실세는 기황후의 오빠 기철입니다. 그는 충혜왕과 대립하며 고려를 원의 행성으로 만들자는 주장을 폈고, 공민왕 앞에서는 자신을 신하라고 부르기조차 거부했지요. 공민왕은 기철과의 갈등 끝에 그 일족을 모두 죽이고 본격적인 반원 운동에 착수했습니다. 기씨 일가의 오만한 행보가 대대적인 반원 운동의 빌미가 된 것입니다.

몽골제국 멸망의 서막이 된 반원 운동

우리 역사에서 공민왕의 반원 운동은 대단히 획기적인 사건입니다. 다른 누구도 아닌 국왕이 100년 가까이 이어진 원의 간섭에 맞서 목숨을 걸고 저항했기 때문이지요. 1356년(공민왕 5) 5월 18일, 공민왕은 기철·권겸·노책 세 사람과 그들의 아들·조카들을 궁궐로 초청했습니다. 잔치를 벌이겠다며 부른 자리였지만, 실상은 처단을 위한 계책이었죠. 그들은 궁궐로 들어오자마자 차례로 죽음을 당했습니다.

기철은 기황후의 오빠, 권겸은 당시 원나라 황태자비의 아버지, 노책은 황제 후궁의 아버지로 모두 원 황실과 혼인으로 연결된 사람들이었습니다. 고려 국왕도 함부로 건드릴 수 없을 만큼 막강한 권세를 누리고 있었지만, 공민왕은 이들을 단칼에 제거했습니다. 같은 날, 이들이 세력을 모았던 정동행성 이문소理問所(정동행성의 부속 기관 중 하나로 원과 관련된 범죄를 처리하는 곳)를 폐지하고, 동시에 북쪽으로 군대를 파견했습니다. 군대는 두 방향으로 나누어 한쪽은 압록강 하류에서 원의 침략에 대비하고, 다른 한쪽은 동북쪽으로 가서 쌍성총관부를 공격했습니다. 쌍성총관부는 100년 가까이 원의 영토였습니다. 이처럼 하루에 전격적으로 이뤄진 반원 운동은 사전에 치밀하게 계획된 일이었습니다.

고려가 오랫동안 원의 간섭을 받던 상태였음을 생각하면 이는 매우 이례적인 사건이었습니다. 어떻게 이런 일이 가능했을까요? 여기에는 공민왕의 정확한 정세 판단이 작용했습니다.

원은 14세기 후반으로 접어들면서 급격하게 쇠퇴하기 시작했습니다. 가장 두드러진 징후는 곳곳에서 일어난 농민 반란입니다. 마침 자연재해도 잦았습니다. 1350년 이후 황허가 반복적으로 범람하면서 농경지가 침수되고, 이로 인한 식량난이 발생했습니다. 이에 한족 농민들의 불만이 커졌고, 몽골족이 지배력을 유지하기 어려운 환경이 조성되었죠.

그뿐만이 아닙니다. 몽골 지배층 내부에서 권력투쟁이 계속됐습니다. 충선왕이 카이샨 칸을 옹립한 사례에서 보듯이, 원에서는 칸의 계승이 순조롭게 이뤄지지 않았습니다. 칸이 죽으면 어김없이 내분이 일어났고, 여기서 이긴 사람이 다음 칸이 됐습니다. 심한 경우에는 군대를 동원해 내전을 벌이기도 했고, 칸이 즉위한 지 4일 만에 독살당하는 일도 있었습니다.

사실 왕조 국가에서 후계 계승의 원칙을 세우는 일은 쉽지 않습니다. 우리나라나 중국 왕조에서는 세자 또는 태자라는 이름으로 후계자를 미리 정해놓고 순조롭게 계승하도록 했습니다. 그렇게 해도 형제간에 또는 삼촌과 조카 사이에 싸움이 벌어졌는데, 몽골은 그런 제도 자체가 없었습니다. 쿠빌라이 칸이 아들 진김을 황태자로 세웠지만 아버지보다 먼저 죽는 바람에 의미가 없었고, 이후로는 칸이 죽을 때마다 내분이 일어나 정치가 극도로 혼란했습니다.

소수의 몽골족이 다수의 한족을 지배하는 구조에서, 지배층의 분열로 통치력이 약화하면 어떤 일이 벌어질까요? 더구나 살기가 어려워진 한족 농민들의 불만은 어디로 향할까요? 자연스럽게 농민 반란이 일어났고, 여기에 백련교라는 종교 세력이 결합하면서 머리에 붉은 띠를 두른 홍건군紅巾軍이 등장했습니다. 우리는 이들을 '홍건적'이라고 부르지요.

한족 농민군의 세력이 점차 커지면서 스스로 국가를 세우고 황제 자리에 오르는 사람이 나타났습니다. 그 대표적 인물이 장사성張士誠(1321~1367)과 주원장朱元璋(1328~1398)입니다. 장사성은 고우高郵(지금 장쑤성 고우)를 근거지로 세력을 확장했는데, 당시 원의 우승상 톡토가 대군을 이끌고 고우성을 공격했다가 참패를 당했습니다. 그런데 그 패배의 이유가 황당합니다. 전투가 한창일 때 톡토가 최고 지휘관에서 해임당한 겁니다. 지휘관을 잃은 군대는 전력을 다하지 못하고 그대로 무너졌죠. 그토록 중대한 시점에 톡토를 해임한 사람은 다름 아닌 기황후였습니다.

기황후와 톡토의 관계는 참 묘했습니다. 톡토와 기황후는 어려울 때 서로 돕는 관계였습니다. 기황후의 아들 아유시리다라가 어린 시절 톡토의 집에서 자라기도 해서 톡토는 마치 후견인과도 같은 존재였습니다. 이렇게 두 사람은 서로 협조하며 최고 권력의 자리에 올랐지만, 어느 시점엔가 갈라섰고 결정적 시기에 기황후에 의해 톡토가 해임되고 곧 죽임을 당했습니다.

당시 톡토가 이끈 대군 중에는 고려 군사도 포함되어 있었습니다. 고우성을 공격하면서 원은 고려에 군대를 요청했고, 그에 따라 고려군 2,000명이 파견되었는데, 거기엔 젊은 최영도 있었죠. 그런데 고우성 전투에 참전한 고려군은 무려 2만 5,000명에 달했어요. 고려에서 2,000명을 파견했는데 2만

5,000명이 싸웠다는 기록이 있는 것은, 요동을 비롯해 원나라 각지에 거주하는 고려 사람도 참전했기 때문입니다.

톡토의 군대가 제대로 싸우지도 못하고 무너지는 것을 지켜본 고려 장병들은 그 사실을 공민왕에게 그대로 보고했습니다. 공민왕은 이때부터 확신을 얻었을 거예요. 원의 힘이 약해진 지금이야말로 원의 간섭에서 벗어날 기회라고 판단했겠지요. 그래서 기황후 일족을 비롯한 친원파를 제거하고, 대대적인 반원 운동을 일으키기로 계획을 세웠을 겁니다.

공민왕(제31대, 재위 1351~1374)은 어렵게 왕위에 올랐습니다. 충혜왕의 동생인 그는 12세에 툴루게로 원에 보내졌습니다. 이후 충혜왕에 이어 어린 조카들인 충목왕(제29대, 재위 1344~1348)과 충정왕(제30대, 재위 1348~1351)이 즉위할 때마다 후보자로 거론됐지만 번번이 고배를 마셨습니다. 그런데 원에서 갑자기 충정왕을 퇴위시키고 공민왕을 새 왕으로 책봉했습니다. 여기에는 아마 기황후의 입김이 작용했을 겁니다. 따라서 공민왕 입장에서 기황후는 자신을 왕으로 만들어준 은인일 수도 있죠. 하지만 막상 왕위에 오른 뒤에는 고려에 개혁이 필요하다는 걸 절감해 기황후에게 등을 돌렸습니다.

공민왕은 즉위 교서에서 '일국갱시一國更始', 즉 나라를 새롭게 시작하겠다는 포부를 밝혔습니다. 그런데 그 포부를 실현하는 데 가장 큰 장애물이 바로 기황후였습니다. 그때 '나

〈**천산대렵도**天山大獵圖〉 l 공민왕이 그린 것으로 전해지는 작품이다. 백산
白山 또는 설산雪山이라 불리는 천산天山에서의 수렵 장면을 묘사하고
있다. 국립중앙박물관 소장.

를 왕으로 만들어준 사람이니 은혜를 원수로 갚을 수는 없
다'고 생각했다면 평범한 국왕으로 남았을 테지요. 하지만
'은혜는 은혜고, 나는 국왕으로서 할 일을 하겠다'고 결심했
고, 그래서 역사에 이름을 남긴 위대한 국왕이 될 수 있었습
니다.

기철 등 기황후 일족을 죽이고 반원 운동을 시작할 때 공

258

민왕은 아마 마음을 많이 졸였을 것입니다. 원에서 반격해 온다면 대항할 힘이 없었기 때문이죠. 놀랍게도 그의 반원 운동은 한 달 동안이나 원에 알려지지 않았습니다. 철저하게 기밀을 유지한 것입니다. 이 사실을 원에 알릴 만한 사람은 왕비인 부다시리 공주 정도였을 텐데, 그러지 않은 것으로 보아 왕비 역시 공민왕 편에 섰다고 할 수 있습니다. 당시 원에서는 고려에서 수상한 일이 벌어졌다는 것 정도만 눈치챈 것 같습니다.

그래서 원은 슬그머니 사신을 보냈습니다. 기철에게 대사도大司徒라는 고위 관직을 주겠다는 임명장을 가지고 왔는데, 고려에서는 사신을 막고 받아들이지 않았어요. 이 사신이 가까스로 도망쳐 고려에서 일어난 사태를 보고하고서야 원은 전모를 파악했습니다. 이에 6월 14일 사신을 보내 "6월 26일에 80만 대군으로 고려를 공격하겠다"고 엄포를 놓았습니다. 이에 맞서 고려는 남쪽으로 천도할 계획까지 세웠지요. 이때 남경(서울)으로 천도하기 위해 터를 봤다는 기록이 남아 있습니다. 원의 위협에 맞서 항전을 결심한 거지요. 6월 26일에는 원의 연호 사용을 중지하고, 28일에는 남경으로 천도할 준비를 본격화했습니다. 이어 7월 9일에는 원에 의해 격하되었던 관제를 모두 복구하는 것으로 원의 간섭에서 벗어났음을 선언했습니다.

그런데 정작 원은 80만 대군을 동원할 능력이 없었습니다. 그래서 7월 19일 사신을 보내 먼저 외교적 해법을 찾으려 했어요. 이에 고려는 "기철이 모반을 꾀했기 때문에 어쩔 수 없이 처단했다. 상황이 급박해서 먼저 알리지 못했다"며 다소 뻔한 거짓 해명을 내놓았습니다. 원은 속으로야 어떻게 생각했든 "그렇다면 죽일 만도 했겠다. 그 죄는 묻지 않겠다"고 응수하고 한발 물러섰습니다. 이렇게 해서 공민왕의 기철 일파 제거 사건은 무난히 수습되었지요.

그 뒤 고려는 원에 사신을 보내 세조구제의 폐기를 요구했습니다. 사실은 "우리가 이렇게 했으니 그대로 받아들여라"는 일방적 통보였어요. 세조구제 없이도 국가를 유지할 수 있다는 자신감을 보인 겁니다. 원이 반대하지 않자 고려는 사실상의 승인으로 간주했습니다. 이것으로 고려는 1259년 강화 이후 100년 가까이 계속된 원의 간섭에서 완전히 벗어나는 데 성공했습니다.

세조구제는 책봉-조공 관계를 바탕으로 하면서 원의 책봉 권한 등 몇 가지를 강화한 것인데, 이때 책봉-조공 관계의 형식만 남기고 실질적 권한을 모두 폐기했습니다. 그러니까 고려가 이전에 송이나 거란 또는 금과 맺었던 책봉-조공 관계로 돌아간 것이죠. 원으로서는 당황스럽고 받아들이기 어려웠겠지만, 달리 방법이 없었기 때문에 고려의 요구를 수용할 수밖에 없었을 겁니다.

세조구제를 폐기하겠다는 고려의 요구를 원이 암묵적으로 받아들이자 고려는 잠시 중단했던 원의 연호를 다시 사용하기 시작했습니다. 원과의 책봉-조공 관계는 유지하겠다는 의사를 드러낸 것이죠. 반원 운동에 성공한 뒤에도 원과의 관계를 단절하거나 대등한 위치에서 적대한 게 아니라는 점이 중요합니다.

고려의 반원 운동 사실은 곧 세상에 알려졌습니다. 원에 저항하고 있던 장사성과 주원장 같은 한족 반란군도 이 소식에 주목했습니다. 그리고 그들이 갑자기 고려에 사신을 파견해왔습니다. 자신들이 원을 상대로 싸우고 있으니, 고려와 힘을 합칠 수 있는지 타진하려 한 것이지요.

사실 고려는 몽골의 침략을 받아 전쟁을 하고 오랫동안 정치적 간섭도 받았지만, 외부의 시선으로 볼 때는 원과 아주 가까운 나라였습니다. 고려 국왕은 대대로 원 황실의 부마였고, 당시 원의 황후가 고려 사람이었으니까요. 아마 반란군은 '그렇게 밀접한 관계를 맺어온 고려가 배신을 했는데도 원은 속수무책이었다'는 메시지를 강하게 받아들였을 것입니다. 이는 결과적으로 원이 한족 농민군의 반란에 더 취약해지도록 만들었을 가능성이 큽니다.

저는 유라시아 대륙 전역에 걸쳐 군림하던 몽골제국 붕괴

공민왕과 노국대장공주 초상 | 조선 종묘의 공민왕 신당에 봉안된 그림이다. 언제 그렸는지 알 수 없으며, 임진왜란 때 종묘가 불타면서 소실된 것을 다시 그린 것으로 추정된다.

의 출발점이 바로 고려 공민왕의 반원 운동이었다고 생각합니다. 대륙의 동쪽 끝에서 시작된 붕괴가 마치 도미노처럼 이어진 것이지요. 이처럼 공민왕의 반원 운동은 한국사에서뿐만 아니라 세계사적으로도 반드시 주목해야 할 중대한 사건입니다.

홍건적 침략, 성급했던 친명반원 노선

고려는 반원 운동에 성공해 원의 간섭을 끝내고, 국내 정치에서는 친원파를 몰아냄으로써 모처럼 국왕 중심의 개혁 정치를 추진할 기회를 얻었습니다. 여기까지는 공민왕의 완벽한 성공이라고 할 수 있지요. 그러나 오래지 않아 중국 정세가 이 판을 뒤흔들었고, 그 중심에 홍건군이 있었습니다.

몽골족의 지배에 저항하는 한족 농민군, 즉 홍건군은 백련교라는 종교를 통해 조직화하면서 세력이 한층 커졌습니다. 농민들이 개별적으로 저항하는 것과 종교 조직을 기반으로 연대하는 것은 전혀 다른 차원의 일이었습니다. 우리나라에서도 조선 말에 동학이 그런 역할을 했지요.

홍건군은 세력이 점차 커져 1358년(공민왕 7) 원의 수도인 대도(북경)를 공격하기에 이르렀습니다. 하지만 전투에서 패배하는 바람에 사방으로 뿔뿔이 흩어져 도망했는데, 그중 일부가 고려로 들어왔습니다. 마치 과거 거란족이 몽골군에 쫓겨 고려를 침략했듯이 이번엔 홍건군이 국경을 넘어 들어와 서경을 함락했습니다(1359년 1차 침략). 고려군이 가까스로 퇴치했지만, 그들은 곧 다시 침략해 이번에는 수도 개경을 유린했습니다(1361년 2차 침략).

공민왕은 안동까지 피란을 갔고, 개경은 궁궐을 비롯해 도시 전체가 불타고 말았습니다. 고려 실록을 비롯한 각종 자료가 이때 소실된 것으로 보입니다. 고려는 군대를 정비해 1년 만에 개경을 수복하고 홍건군을 격퇴했지만, 그 후유증은 굉장히 컸습니다.

고려는 홍건군이 침략하자 원에 도움을 요청했습니다. 홍건군이라는 공동의 적을 눈앞에 두고 원에 접근했던 것이죠. 충분히 생각해볼 수 있는 구도이지만, 그 때문에 공민왕은 자신이 주도한 반원 운동의 성과를 스스로 부정하는 상황에 놓였지요. 폐지했던 정동행성을 다시 설치하고, 관제도 원 간섭기에 격하된 것으로 복구했습니다. 원의 영향력이 다시 강화될 조짐을 보이자, 김용이라는 자가 반란을 일으켜 공민왕을 시해하려 했습니다. 원의 세력을 다시 끌어들이려 한 것이죠.

원은 원대로 이 상황을 이용해 고려에 대한 영향력을 키우려 했습니다. 1362년(공민왕 11) 공민왕을 폐위하고 충선왕의 서자인 덕흥군을 고려 국왕에 책봉했습니다. 반원 운동 이전에 고려 국왕을 마음대로 책봉하던 것처럼 말입니다. 더 놀라운 사실은 덕흥군을 국왕에 책봉한 것과 동시에 기씨 일족인 기삼보노奇三寶奴를 원자元子로 세웠다는 것입니다. 원자는 왕위 계승권자인 세자는 아니지만, 앞으로 기씨를 고려 국왕에 책봉할 수도 있다는 뜻을 드러낸 것이죠. 원 간섭기에 국왕을 교체할 때도 왕족이 아닌 사람을 세운 적은 없었습니다. 따라서 원의 이런 조치는 파격적이고, 다소 감정적인 면이 있습니다. 원에서 실권을 잡고 있던 기황후가 아들 아유시리다라 황태자에게 자신을 위해 복수해달라고 해서 그런 일이 벌어졌다고 합니다.

고려는 공민왕 폐위와 덕흥군 책봉을 당연히 거부했습니다. 그러자 1364년(공민왕 13) 1월, 원나라 군대가 고려를 침략했습니다. 하지만 최영崔瑩(1316~1388)과 이성계李成桂(1335~1408)가 원군을 격퇴하는 데 성공하면서 상황이 반전되었죠. 패배한 원은 공민왕의 왕위를 다시 인정하는 동시에 아주 이례적으로 황제가 사과하는 뜻을 전했습니다. 고려와 원의 마지막 전쟁은 이렇게 고려의 완승으로 끝났죠. 그리고 이로부터 고려-원 관계의 주도권을 고려가 잡게 되었습니다.

이 무렵 원은 급격히 쇠퇴하고 있었습니다. 1368년 1월 주원장이 명나라를 세우고, 북쪽으로 원을 공격하기 시작했어요. 그해 가을에 원의 대도가 명나라 군대에 함락되고 토곤테무르 칸과 원 조정은 상도로 쫓겨갔습니다. 대도 함락 소식이 전해지자 고려에서는 단 이틀 만에 명과 통교하는 문제를 논의하기 시작했습니다. 마치 원의 멸망을 기다리기라도 했던 것처럼요. 그리고 같은 해 11월, 고려는 명에 사신을 파견해 통교할 의사가 있음을 전달했습니다. 한편, 원에서는 이 상황을 모른 채 고려에 군대를 요청했지만, 고려는 단호하게 거절했습니다. 이 시점부터 이미 '친명반원親明反元'을 분명히 했던 것입니다.

그사이에 한 가지 흥미로운 일이 있었습니다. 1367년 2월, 원의 토곤테무르 칸이 제주도로 피난을 오려고 한다는 소문이 돌았습니다. 왜 하필 제주도였을까요? 제주도에는 원 간섭기 내내 몽골 사람들이 거주하면서 말을 기르고 있었는데, 이들을 '목호牧胡(말을 기르는 오랑캐)'라고 불렀습니다. 물론 제주는 고려 영토였고, 고려의 지방관이 통치했죠. 하지만 원에 보내는 말의 사육장이 있다 보니 몽골 사람들이 거주하면서 일정한 세력을 유지하고 있었던 거지요. 물론 토곤테무르가 정말로 제주도에 오려고 했는지는 정확하지 않습니다.

다시 본론으로 돌아가서, 고려의 반원 정책은 명에게 매우 반가운 일이었을 겁니다. 1369년 4월, 명은 고려에 사신을 보내 국호를 '대명大明', 연호를 '홍무洪武'로 정했다고 알렸어요. 그러자 고려는 즉시 원의 연호 사용을 중단하고, 명에 사신을 보내 책봉을 받을 의사가 있음을 전달했습니다. 다음 해 명이 공민왕을 책봉했고, 고려는 홍무 연호를 쓰기 시작했어요. 교섭을 시작한 지 단 1년 만에 고려는 명과 새로운 책봉-조공 관계를 맺었습니다.

당시 고려는 명의 대도 점령을 '원-명 교체'라고 판단한 것 같습니다. 하지만 원과 명의 전쟁은 이후로도 20년 동안 계속되었습니다. 원-명 교체가 바로 이루어진 것은 아니었던 거죠. 이 20년 동안의 원을 고려에서 '북원北元'이라 불렀다고 주장하는 사람이 더러 있습니다. 북원은 원을 한 등급 내려서 부르는 말이고, 당시 고려에서 명과 북원을 대등하게 인식하지 않았다는 생각이 숨어 있는 주장입니다. 그러나 고려 말의 기록에는 북원이란 이름으로 통일되어 나오지 않습니다. 조선 초에 편찬된 《고려사》에서 1369년 원나라 연호 사용을 중지한 뒤부터 일관되게 북원이라는 명칭을 사용했을 뿐입니다. 즉, 북원은 《고려사》 편찬 원칙에 따른 명칭이고, 고려 말에도 그대로 원이라고 불렀을 겁니다.

그럼에도 고려는 원과 명의 대립에서 친명반원을 분명히 했습니다. 고려가 이처럼 빠르게 명나라 편에 선 것이 냉정한 정세 판단에 따른 신속한 대응이었을까요, 아니면 지나치게 성급한 결정이었을까요? 결과를 지켜보면 알겠지만, 고려의 이 외교는 실패했습니다. 고려가 친명반원을 분명히 하자 명은 오히려 고려를 압박하기 시작했습니다. 그런데도 고려는 대항할 수단이 없었어요. 원과의 관계를 너무 일찍 끊어버렸기 때문이지요.

강대국 사이에서 중립을 지키는 것은 약소국 외교의 정답입니다. 중립을 지키는 것이 어렵지, 중립 외교 노선을 정하는 것은 논란의 여지 없이 당연한 일입니다.

고려는 이때 왜 외교에서 실패했을까요? 공민왕의 반원 정책에 감정이 실렸음을 부인하기 어렵습니다. 100년 가까이 계속된 원의 간섭에 대한 반감은 반원 운동으로 시원하게 풀었지만, 홍건군 침략 이후 원이 고려에 영향력을 강화하려 하고, 특히 공민왕을 폐위한 데 대한 감정이 남아 있었던 거지요. 그래서 원이 대도를 빼앗기자 기다렸다는 듯이 관계를 단절한 게 아닌가 합니다. 반원 감정을 억누르고 중립을 지키면서 원과 명이 싸우는 걸 좀 더 면밀히 지켜봤어야 했던 거죠.

공민왕의 반원 정책은 원이 빌미를 제공한 것이었습니다. 기황후가 공민왕에 대한 복수심에 고려를 공격하지 않았더라면 결과가 달라질 수도 있었으니까요. 원은 대도를 빼앗기고 20년 만에 명에 멸망당하고 말았습니다. 그동안 고려의 군사적 도움이 절실히 필요했지만, 끝내 고려와 관계를 개선하지 못했습니다. 명과 싸움을 앞두고 고려를 적으로 돌린 것은 원으로서도 치명적인 실책이 아닐 수 없습니다.

신진 사대부, 실리보다 명분을 택하다

명나라는 처음엔 고려에 매우 우호적인 태도를 보였습니다. 고려에서 요청하는 것은 거의 다 들어주었지요. 원과 단절하고 자기편에 선 고려가 고마웠겠지요? 또 원과 싸우는 데 고려의 도움이 필요했기 때문일 겁니다. 하지만 어느 순간부터 명의 태도가 돌변합니다. 1372년 명은 몽골족의 본거지인 카라코룸을 공격했다가 크게 패하고, 요동의 우가장牛家莊에서 원 군대의 공격을 받아 또 한 번 패배하고 말았습니다. 두 번의 패배로 전세가 바뀔 위기에 처하자, 갑자기 고려를 압박하기 시작했습니다. "너희가 혹시 원과 내통하고 정보를 흘린 건 아니냐?"라는 의심을 쏟아내면서요.

그때 고려가 원과 내통했다는 증거는 전혀 없습니다. 또 당시 분위기로 볼 때 그랬을 가능성은 아주 희박합니다. 그러나 명은 그게 사실이든 아니든 상관이 없었어요. 목적은 고려를 압박해 원과 전쟁을 하는 데 동원할 수만 있으면 됐으니까요.

명은 제주도에서 몽골 사람들이 기르던 말을 모두 내놓으라고 요구했습니다. 원과 싸우는 데 말이 꼭 필요했거든요. 1374년(공민왕 23) 사신을 보내와 제주말 2,000필을 징발하겠다고 통보했습니다. 명의 근거 없는 의심에 변명하느라 급급하던 고려는 명의 요구를 그대로 받아들일 수밖에 없었어요. 그런데 그때 예상치 못한 사건이 발생했습니다. 원나라에서 고려로 귀화한 김의라는 사람이 있었는데, 그가 명나라로 돌아가는 사신들을 호송하던 중 사신 채빈을 죽이고, 또 다른 사신 임밀을 사로잡아 원으로 도망한 겁니다. 두 사신의 행패를 견디지 못하고 우발적으로 벌인 일이라곤 하지만, 이는 그렇지 않아도 악화하던 고려-명 관계에 치명적인 악재로 작용했습니다.

또 1374년 9월에는 공민왕이 시해당하는 사건이 일어났습니다.＊ 고려의 친명 정책을 이끌던 공민왕의 죽음은 그 자체로도 명을 자극할 만했지만, 명이 책봉국으로서 고려 내정에 간섭할 빌미를 줄 수도 있었습니다. 게다가 공민왕 시해 소식을 명에 알리기 위해 파견된 사신이 도중에 그냥 돌아왔습니다. 김의가 명나라 사신을 살해했다는 소식을 접하고는 겁을 먹은 것이지요. 이때부터 고려와 명의 관계는 급격히 악

* 공민왕은 1374년 홍륜 등 자제위子弟衛 관리들에 의해 암살당했다. 자제위는 공민왕이 친위세력을 양성할 목적으로 고위 관리의 아들 중에서 선발하여 궁중에 설치한 기관이다. 《고려사》는 공민왕의 죽음을 자제위 미소년들과의 추문과 연관지어 기록해놓았지만, 사실은 공민왕의 개혁정치에 대한 구세력의 저항이 발단이 되어 일어난 사건이었다. 개혁군주 공민왕의 갑작스런 죽음 이후 고려는 돌이킬 수 없는 혼란에 빠져들었고, 18년 만에 멸망하고 말았다.

화되고 말았습니다.

아쉬운 쪽은 고려였습니다. 공민왕의 뒤를 이어 우왕(제32대, 재위 1374~1388)이 즉위했지만, 공민왕의 진짜 아들이 아니라는 소문이 돌던 상황에서 명의 책봉을 받아 정통성을 확립하는 것이 절실했기 때문입니다. 우왕은 겨우 열 살에 왕위에 올랐고, 제대로 된 왕자 수업을 받지 못한 탓에 국정을 스스로 운영하지 못했습니다. 그래서 우왕을 세우는 데 앞장섰던 이인임李仁任이 실권을 잡았습니다. 우왕은 이인임을 아버지, 이인임의 처를 어머니라고 부를 정도로 그들에게 의지했습니다.

이인임은 명의 책봉을 받아 우왕의 정통성을 확립하고, 자신의 권력을 강화하려 했습니다. 하지만 명과의 관계가 나빠질 대로 나빠진 상황에서 책봉이 쉽게 이루어지지 않았습니다. 명은 이인임과 우왕이 자신들의 책봉을 절실하게 필요로 한다는 사실을 잘 알고 있었을 겁니다. 그래서 고려의 책봉 요구에 아무런 대응도 하지 않았는데, 침묵으로 압박하는 기술을 부린 거죠. 그럴수록 명에 대한 고려의 자세는 낮아졌고, 명의 요구를 무엇이든 들어줄 수밖에 없는 상황이 되었습니다.

이때 원이 고려에 접근해왔습니다. 고려의 절박한 사정을 역이용하려 한 것이죠. 1377년 2월, 고려에 사신을 보내 책봉을 해주겠다고 제의했습니다. 그러자 고려는 원의 책봉을 받고 선광宣光이라는 원의 연호를 사용하기 시작했습니다. 공민왕의 친명반원 정책 이후 중단되었던 원과의 책봉-조공 관계를 복원한 것이지요. 한쪽에선 명이 압박하고, 또 한쪽에서는 원이 접근하는 상황에서 고려가 선택한 결과였습니다.

고려가 원의 책봉을 받아들이자, 침묵하고 있던 명이 반응을 보였습니다. 그때까지 명에 억류되어 있던 고려 사신들을 슬그머니 돌려보낸 겁니다. 고려는 이 작은 신호에 반색하고 명에 사신을 보내 공민왕의 시호를 내려줄 것과 우왕의 즉위를 승인해줄 것을 요청했습니다. 그리고 1378년 9월부터 명의 홍무 연호를 다시 사용하고, 원과의 관계를 단절했습니다. 아직 명의 책봉을 정식으로 받기도 전에 명과의 관계 개선을 기정사실로 받아들인 거지요. 이렇게 해서 원과의 책봉-조공 관계는 1년 7개월 만에 다시 중단되었습니다.

일각에서는 고려의 이러한 정책을 '양단兩端 외교', 즉 두 나라 사이에 양다리를 걸친 외교라고 평가하지만, 그렇게 보기는 어렵습니다. 공민왕 이래의 친명반원 정책을 그대로 계승하면서 명과의 외교에 원을 효과적으로 활용하지 못했으니까요. 이는 고려 외교답지 않습니다. 과거에 고려는 거란과 송이 대립하거나 거란과 금이 충돌할 때 어느 한쪽을 일방적으로 편들지 않았습니다. 중립을 지키며 실리를 추구했지요.

그런 걸 양단 외교라고 할 수 있을 것입니다.

그럼 이때 고려는 왜 양단 외교를 펼치지 못했을까요? 예전과 다른 점이 있었습니다. 성리학을 공부한 신진 사대부들이 고려 정치의 전면에 등장했죠. 정몽주鄭夢周(1337~1392)나 정도전鄭道傳(1342~1398) 같은 인물인데요, 이들이 원과 명에 대해 어떤 태도를 취했는지 다음 기록을 통해 확인할 수 있습니다.

우왕 1년(1375) 5월 북원에서 사신을 보내 말하기를 "바얀테무르(공민왕)가 우리를 배신하고 명을 좇았으므로 너희 나라에서 (공민)왕을 시해한 죄를 사면한다"라고 하였다. 이때 이인임과 지윤이 원 사신을 맞이하려 하니 김구용, 이숭인, 정도전, 권근이 도당都堂(고려 후기의 최고 정무 기관)에 상서하여 "만일 원 사신을 맞이한다면 한 나라의 신민들이 모두 난신적자의 죄에 빠지게 됩니다. 후일 어떤 면목으로 지하에서 현릉(공민왕)을 뵙겠습니까?" 하였다. (…) 정도전에게 원 사신을 맞이하라고 하자 정도전은 경복흥의 집에 가서 "내가 사신의 머리를 베어오거나 결박해서 명으로 보낼 것이오"라고 했는데, 말이 공손하지 않았다. 이에 경복흥과 이인임이 노하여 정도전을 회진으로 유배 보냈다. _《고려사》〈열전 정도전〉

김구용, 이숭인, 정도전, 권근은 모두 신진 사대부였어요. 이들은 반원 정책이 공민왕의 뜻이라는 점을 들어 원 사신을 받아들이는 걸 반대했습니다. 특히 반대의 선봉에 섰던 정도전을 비롯해서 김구용, 이숭인, 정몽주 등 신진 사대부들이 이인임에 의해 모두 유배되었습니다. 하지만 이들의 반대 때문에 원 사신은 고려에 오지 못했어요.

신진 사대부가 원과의 관계를 복원하는 데 반대한 것은 단지 공민왕의 뜻이라서가 아니었습니다. 여기에는 사대, 즉 책봉-조공 관계에 대한 신진 사대부들의 생각이 깔려 있었습니다. 그것이 무엇인지 정몽주가 올린 상서에 나타나 있습니다.

> 우왕 1년(1375) 5월 성균대사성 정몽주 등이 상서하여 이르기를 "우리나라는 바다 밖 한쪽에 치우쳐 있으면서 태조께서 당나라 말에 일어나신 이래로 예로써 중국에 사대해왔으니, 사대함에 있어 천하의 의로운 군주인지를 보았을 뿐입니다"라고 하였다. _**《고려사》 〈열전 정몽주〉**

여기서 정몽주는 고려 초부터 사대의 대상을 정하는 데 '의로운 군주'인지, 즉 상대가 의로운 나라인지만을 따졌다고 했습니다. 이것은 사실과 다른 말이지요. 거란과 송, 금과 남송이 대립할 때 고려가 사대의 대상으로 거란과 금을 선

공민왕과 노국대장공주의 현정릉과 석양石羊 | 공민왕 능인 현릉玄陵, 노국대장공주의 정릉正陵을 합쳐 '현정릉玄正陵'이라고 한다. 현정릉에는 왕릉을 지키는 동물로 석양과 석호石虎가 있는데, 우리나라 왕릉제도에서 처음으로 확인된 것이다. 현재 북한의 개성특별시 개풍군에 있다. 박종진 숙명여자대학교 명예교수 제공.

택한 것은 송·남송보다 힘이 강했기 때문이지 의로운 나라여서가 아니었습니다. 정몽주의 이 말은 과거에 그랬다기보다는 앞으로, 즉 원과 명 사이에서 어느 쪽이 의로운지를 따져봐야 한다는 주장입니다. 외교에 옳고 그름의 가치 판단을 새롭게 개입시킨 것입니다.

어떤 나라를 옳고 그르다고 평가하는 게 과연 가능할까요? 혹시 가능할지도 모르겠습니다. 그런데 그런 외교가 성공할 수 있을까요? 외교에 가치 판단이 개입하는 순간, 실리 외교는 멀어지고 맙니다. 대표적 사례가 명-청 교체기 조선의 외교입니다. 어느 쪽이 더 강한지보다 어느 쪽이 더 옳은지를 따지다 보니 실리가 아닌 명분을 좇게 됐고, 그 결과는 참혹했습니다. 정몽주에게서 처음으로 확인할 수 있는 신진 사대부들의 이런 시각이 외교를 위태롭게 만들었지요.

명이 고려 국왕에 대한 책봉을 저울질하고 있을 때, 고려로서는 적절히 밀고 당기기를 하며 신중하게 대응했어야 합니다. 하지만 고려는 끊임없이 사신을 보내 책봉을 재촉했지요. 우왕과 이인임의 정치적 이익 때문이죠.

그때 명의 수도는 남경이었는데, 고려에서 그곳까지 가려면 의주에서 압록강을 건너고 요동을 지나야 했습니다. 하지만 요동을 원나라 세력인 나하추가 지배하고 있었기 때문에 배를 타고 바다를 건너야 했습니다. 그런데 당시 해로는 매우 위험했어요. 배가 뒤집혀 사신단 전원이 몰살당하는 참변이 벌어지기도 했죠. 그럼에도 고려는 하루라도 빨리 책봉을 받길 바라며 계속 사신을 파견했습니다. 저자세 외교였던 거지요.

이렇게 고려가 매달리자 마침내 명은 본색을 드러냈습니다. 1383년에 이르러서야 해마다 말 1,000필, 금 100근, 은 1만 냥, 포 1만 필을 공물로 바칠 것을 요구했고, 거기에 더해 그때까지 5년 동안 밀린 공물을 한꺼번에 내라고 했습니다. 결국 이 막대한 공물을 모두 바친 뒤에야 우왕이 책봉을 받을 수 있었습니다. 1374년에 즉위한 뒤 무려 10년 만의 일입니다.

원과 명이 대립하는 상황을 잘 활용했더라면 좋았을 텐데, 고려는 그 기회를 너무나 쉽게 포기하고 말았습니다. 그 바람에 명의 요구를 다 들어주면서도 고맙다는 말을 듣기는커녕, 책봉을 받기 위해 저자세 외교를 펼칠 수밖에 없었습니다. 공민왕의 친명반원 정책이 너무 성급했다는 생각을 다시 한번 하지 않을 수 없습니다. 원에 대한 감정 때문에 명과의 외교에서 원을 지렛대로 활용하지 못했으니까요. 여기에 신진 사대부의 가치 우선 외교가 더해져 실리 외교에서 더 멀어졌고, 그것이 결국 멸망의 한 원인이 되고 말았습니다.

외교 실패와 고려의 멸망

어쩌면 당연한 일이지만, 고려가 저자세 외교를 하면 할수록 명의 압박은 더 커졌습니다. 하지만 고려가 불만을 품지 않고 있던 것은 아니었고, 결국 그 불만이 폭발하는 사건이 벌어집니다. 명이 철령위鐵嶺衛를 설치해서 고려 영토를 빼앗으려 했던 것입니다.

1387년(우왕 13) 명이 처음으로 요동을 점령했습니다. 대도를 점령한 뒤에도 요동 지역은 원의 지방 세력인 나하추가 지배하고 있었는데, 이때 그의 항복을 받아낸 것입니다. 이로써 명은 처음으로 고려와 국경을 맞대게 되었습니다. 고려와 명의 관계가 전환점을 맞은 거죠. 명은 옛날 쌍성총관부가 있던 자리에 철령위를 설치해 철령 이북, 즉 고려의 동북면 지역을 차지하겠다고 일방적으로 통보했습니다. 명이 원을 계승한 나라이니, 원의 영토는 모두 자기 것이라는 논리였습니다. 명에 사대하며 온갖 요구를 다 들어준 고려로서는 청천벽력 같은 소리였죠.

고려는 먼저 외교적 해법을 모색했습니다. 사신을 보내 그 땅은 본래 고려의 영토였고, 쌍성총관부 설치 이후 원이 차지하긴 했지만 공민왕이 회복했으며, 원에서도 그것을 승인한 바 있다고 설명했습니다. 이런 노력은 상당히 성공적이었던 것으로 보입니다. 홍무제洪武帝(재위 1368~1398)가 그럴 리 없다면서도 고려의 주장이 사실이라면 고려에 속하는 것이 마땅하다고 했으니까요. 이 말은 사실 관계를 조사해 철령위 설치를 재고하겠다는 뜻이니 한 걸음 물러난 게 분명했습니다.

그런데 명의 상황을 제대로 파악하지 못한 상태에서 우왕과 최영이 명을 공격하자고 나섰습니다. 그 직전에 우왕은 최영과 이성계를 끌어들여 이인임을 제거하고 친정을 시작한 터였습니다. 따라서 최영이 최고 실력자였는데, 우왕과 더불어 전쟁을 주장한 것이지요. 대신 가운데 반대하는 사람이 많았지만, 최영은 그들을 죽이면서까지 전쟁을 밀어붙였습니다. 원에도 사신을 보내 명을 협공하자고 제안했죠. 하지만 최영이 보낸 사신이 도착했을 때 원은 이미 전쟁을 치를 만한 상태가 아니었습니다.

이성계는 전쟁에 반대하며 네 가지 이유를 들었는데, 바로 그 유명한 '사불가론四不可論'입니다. 첫째, 작은 것으로써 큰 것을 거역해서는 안 된다. 둘째, 농번기인 여름철에 군사를 동원해서는 안 된다. 셋째, 군대를 총동원해서 전쟁을 일으키면 왜구가 그 틈을 노릴 염려가 있어서 안 된다. 넷째, 장마철에는 활의 아교가 녹아 제대로 쏠 수 없고 전염병이 돌아서안 된다.

이 가운데 둘째, 셋째, 넷째 이유는 군사 전문가의 견해이지만 첫째 이유는 좀 다릅니다. 군인이라면 해서는 안 될 말이죠. 적의 병력이 많다고 해서 전쟁을 주저한다면 비겁한 군인이니까요. 하지만 작은 나라가 큰 나라를 거역해선 안 된다는 뜻이라면 이해가 됩니다. 《맹자》에 나오는 "작은 나라로써 큰 나라를 섬겨 그 나라를 보존한다"는 구절과 대응하니까요. 이 무렵 이성계는 사대의 논리를 가지고 전쟁을 반대한 것이라고 할 수 있습니다.

그렇다면 결국 최영과 이성계의 충돌은 명과의 적대적 관계를 전쟁으로 타개할 것이냐, 사대 외교로 해결할 것이냐 하는 차이로 정리할 수 있습니다. 둘 중 어느 쪽이 옳았는지 판단하는 건 어렵지 않습니다. 당시 고려가 명을 공격해서 승산이 있었는지 따져보면 됩니다. 1388년 4월 12일 고려 군대가 출동했는데, 좌군도통사 조민수와 우군도통사 이성계가 이끄는 병력이 총 3만 8,830명이고 짐꾼 등 비전투 인력이 1만 1,634명이었습니다. 5만 명이 채 안 되는 인원을 가지고 명을 공격하려 한 것이니 승산이 거의 없었다고 해야겠지요. 하물며 옛날에는 공격하는 군대가 방어하는 군대보다 최소 세 배는 되어야 승산이 있다고 했습니다. 설령 요동을 공격해 점령한다고 해도 이어서 명과 전면전을 벌여야 하는데, 이 병력을 가지고는 무리였습니다. 패배한 뒤의 뾰족한 대책도 없었을 테니, 요동 공격은 어떻게 봐도 무모한 군사적 모험이었습니다.

우리 역사에서 고구려 이후로는 다른 나라를 먼저 공격한 적이 거의 없습니다. 고려에서도 윤관의 9성 개척과 공민왕 때 이성계의 동녕부 점령 정도가 있을 뿐이지요. 그래서 고려 말 최영이 주도한 이 요동 공격을 '정벌征伐'이라 부르면서 높이 평가하려는 경향이 있습니다. 정벌이란 잘못한 자를 무력으로 응징한다는 뜻으로, 그 안에 정당한 행위라는 의미가 포함된 말입니다. 반대로, 요동 정벌을 중도에 포기한 이성계의 '위화도 회군'을 부정적으로 평가하기도 하지요. 하지만 전쟁은 정신으로 하는 게 아닙니다. 역사 속 전쟁을 평가할 때는 언제나 병력을 비롯한 제반 조건을 종합적으로 검토해야 합니다.

한편, 최영의 요동 공격은 철령위 설치라는 명의 일방적 요구 때문이었으므로 불가피한 측면이 있었습니다. 전쟁하지 않으면 영토를 빼앗긴다는 절박한 판단도 바탕에 깔려 있었을 겁니다. 그러나 외교의 핵심은 그런 절박한 상황에 빠지지 않도록 사전에 관리하는 것입니다. 특히 강대국을 상대하는 약소국의 외교는 막다른 길에 처하지 않도록 미리 출구 전략을 마련하고, 다양한 선택지를 확보하는 능력이 필요합니다. 이런 점에서 요동 공격 이전까지 고려의 외교에는 많은 아쉬움이 남습니다.

원치 않는 전쟁에 동원된 이성계는 결국 압록강 중간에 있는 위화도에서 군대를 되돌렸습니다. 이때 이성계는 자신의 행위가 왕명을 거역하는 반역이 아니라 보국保國, 즉 나라를 지키는 길이라고 정당화했습니다. 이후 이성계는 최영을 제거하고 우왕을 폐위한 뒤 권력을 장악했고, 그로부터 4년 뒤 새 왕조를 세웠습니다. 그런데 여기서 한 가지 살펴볼 것이 있습니다. 고려의 요동 공격에 대해 명은 어떤 반응을 보였을까요?

고려의 요동 공격은 비록 중단되긴 했지만, 고려가 책봉국인 명을 상대로 무력을 행사한 중대 사건이었습니다. 그런데 명은 이에 대해 책임을 묻거나 처벌을 요구하지 않았습니다. 이는 위화도 회군으로 권력을 장악한 이성계에 대한 명확한 지지를 표명한 것이라고 할 수 있습니다. 이성계가 우왕을 폐위하고 그 아들 창왕(제33대, 재위 1388~1389)을 세웠을 때도 명은 아무런 반응을 보이지 않았습니다. 문제 삼지 않는 것만으로도 지지하는 효과가 있었던 것이죠.

위화도 회군 직후 최고 관직에 있던 이색李穡(1328~1396)이 자청해서 명에 사신으로 갔습니다. 이성계를 견제하기 위해 명을 끌어들이려 한 겁니다. 그는 홍무제에게 조심스레 두 가지를 요청했습니다. 일종의 개인 외교를 시도한 것이지요.

하나는 창왕이 직접 명에 와서 황제를 알현하도록 해달라는
것이고, 다른 하나는 고려에 관리를 파견해 감독해달라는 것
이었습니다.

이색의 의도는 분명했습니다. 어린 창왕이 명 황제를 직접
만나 지지를 얻는다면, 국내에서 누구도 창왕을 함부로 어찌
할 수 없을 것입니다. 또 명의 관리가 고려 정치를 감독한다
면 이성계의 권력을 제한하는 효과가 있을 것입니다. 그러나
홍무제의 반응은 차가웠습니다. 이색이 그 요청을 중국어로
했는데, "너의 중국어는 꼭 나하추와 같구나" 하며 웃어넘겼
습니다. 목숨 걸고 간절한 마음으로 요청했는데, 돌아온 것은
홍무제의 비웃음뿐이었던 거죠.

이색은 명의 후원을 받아 고려 왕실의 존속을 도모하려 했
지만, 그 계획은 수포로 돌아가고 말았습니다. 홍무제가 이색
의 의도를 몰랐을까요? 지금으로서는 알 수 없습니다. 하지
만 이색의 요청을 대수롭지 않게 무시함으로써 결과적으로 이
성계를 지지하는 태도를 드러냈습니다. 이 무렵 이미 명은 왕
조 교체를 용인할 준비가 되어 있었는지도 모릅니다. 1392년
7월 이성계 일파가 공양왕을 폐위하고 조선을 건국했을 때
홍무제는 "그건 너희 일이다"라며 간섭하지 않았습니다. 조
선을 건국한 세력한테는 다행스러운 일이었지만, 고려 왕실
을 유지하려는 사람들에게는 뼈아픈 외면이었죠. 그렇게 오

랜 세월 정성을 다했던 대명 외교가 아무런 도움도 되지 못한 채 고려는 역사 속으로 사라졌습니다.

고려의 외교 실패는 어디에서 비롯된 것일까요? 첫째는 공민왕이 성급하게 친명반원을 결정한 데 있습니다. 둘째는 옳고 그름을 따지는 가치 외교로 실리 외교를 저버린 데 있습니다. 공민왕 이후 신진 사대부들은 가치 외교와 사대 논리를 결합했고, 그 상대로 한족이 세운 명을 절대화했습니다. 그 바람에 원과 명의 대립이라는 절호의 기회를 살리지 못했고, 그것이 멸망의 원인 중 하나가 되었습니다. 고려가 초창기부터 지켜온 '실리 우선의 균형 외교'와는 전혀 다른 방향이었죠. 고려 외교가 길을 잃고 만 것입니다.

결국 고려 외교의 실패는 외부 정세의 변화 때문만은 아니었습니다. 그것은 스스로 지켜오던 실리와 균형의 원칙을 저버리고, 감정과 명분에 휘둘린 선택의 결과였습니다. 우리는 고려의 외교 전략을 통해 한 가지 분명한 교훈을 얻을 수 있습니다. 외교는 힘이 아니라 지혜의 영역이며, 약소국일수록 냉정하고 유연한 전략이 필요하다는 것입니다. 고려의 멸망은 외교에서 실패했을 때 어떤 대가가 따르는지를 보여주는 역사의 경고입니다.

역사 공부는
왜 필요한가

우리는 왜 역사를 공부할까요? 역사 공부가 왜 필요한지 물어보면 "역사에서 교훈을 얻기 위해서"라는 대답이 가장 많이 나옵니다. 그게 정답일까요? 안타깝지만 이 대답은 "지금은 그때와 다르다"라는 말 한마디면 금세 무용지물이 되고 맙니다. 즉, 이것만으로는 역사를 공부하는 이유를 설명하기에 충분하지 않습니다.

그렇다면 역사 공부는 왜 해야 할까요? 저는 역사를 연구하고 가르치면서 다음 네 가지 답을 찾았습니다.

첫째, 역사적 교훈을 얻는 방법을 알기 위해서입니다.

역사에서 교훈을 얻는 방법은 사람마다 다를 수 있습니다. 누군가는 사건의 결과에서 의미를 찾고, 누군가는 과정에서 원인을 발견합니다. 교훈은 그저 역사 속에 '있는' 것이 아니라, 사실들을 해석하고 비교하며 스스로 찾는 것입니다. 다시 말해, 교훈을 얻는 과정 자체를 배우는 것이 역사 공부입니다.

둘째, 역사가 발전한다는 믿음을 갖기 위해서입니다.

역사가 발전하는지, 혹은 반복되는지는 아주 오래된 논쟁거리입니다. 많은 사람이 "역사는 반복된다"고 생각합니다. 하지만 그렇다면 모든 것이 허무해지고, 세상을 바꿔보겠다는 의욕도 꺾일 것입니다. 반면 역사가 발전한다고 믿고 "세상을 위해 작은 티끌 하나라도 더 얹고 가야지"라고 생각한다면, 지금 이 순간 내가 하는 행위에도 의미가 생길 것입니다. 역사는 그런 이들의 노력이 쌓여온 자취라고 말할 수 있습니다.

물질적 삶의 수준은 분명 과거보다 나아졌고, 신분제 폐지, 인권 신장, 평등 실현 등 보편적 가치의 진전도 크게 이루어졌습니다. 하지만 이러한 발전은 아주 긴 시간을 두고 진행되기 때문에 한 사람의 생애에서 눈으로 볼 수 없습니다. 그래서 역사가 발전해왔다는 믿음은 역사를 공부하지 않으면 가질 수 없습니다. 결국 역사 공부의 결말은 "그렇다면 우리는 역사를 발전시키기 위해 지금 여기서 무엇을 해야 할까?"라는 질문으로 자연스럽게 이어져야 합니다.

셋째, 역사적 사고력을 기르기 위해서입니다.

교육 현장에서 역사를 가르치는 사람들이 가장 강조하는 목적이기도 합니다. 역사를 많이 공부한 사람들에게 공통적으로 나타나는 능력은 종합적 사고입니다. 역사 공부는 시간이라는 축 위에서 사건들의 연결을 파악하고, 인과관계를 분석하는 훈련을 끊임없이 요구합니다. 뒤에 일어난 일은 절대로 앞 사건의 원인이 될 수 없다는 가장 기본적인 원리조차 '시간의 감각'을 익히지 않으면 깨닫기 어렵습니다.

연구 단계에 이르면 한 가지가 더 요구됩니다. 바로 사실과 주장을 구별하는 능력입니다. 사료를 읽을 때 "어디까지가 사실이며 어디부터가 기록한 사람의 주장인가?"를 끊임없이 의심하고 판단하는 능력입니다.

사실과 주장을 구분하는 능력은 정보가 넘쳐나는 현대 사회에서 자신의 생각을 지키는 데 꼭 필요합니다. 결국 역사 공부는 지식을 얻기 위한 것이 아니라 종합적 사고, 사실과 주장을 구분하는 능력 등 여러 가지 역량을 키우기 위해서 하는 것이라고 할 수 있습니다.

넷째, 올바른 역사 인식을 갖기 위해서입니다.

역사 인식이란 역사에 대한 지식을 바탕으로 한 가치 판단, 즉 세계를 바라보는 태도입니다. 우리는 일상생활의 아주 사소한 일부터 국가와 세계에 관련된 큰 문제까지 모두 자신이 가진 역사 인식에 따라 판단하고 행동합니다. 그런데 그 역사 인식은 수많은 지식을 종합해서 만들어지지요. 만약 그 지식이 부정확하고 편향돼 있다면, 마치 한 장의 부실한 벽돌 때문에 건물이 무너질 수도 있듯이 내 사고의 기반이 통째로 흔들릴 수 있습니다. 올바른 판단과 성숙한 시민의식은 정확한 역사 지식에서 시작되고, 이를 위해서는 역사 공부를 통해 정확한 지식을 쌓는 일이 반드시 필요합니다.

역사 공부는 과거에 머무르는 학문이 아닙니다. 과거를 이해하는 만큼 현재가 선명해지고, 현재를 이해하는 만큼 미래를 준비할 힘이 생깁니다. 우리는 역사를 통해 무엇이 변했고 무엇이 발전했는지, 무엇을 지켜야 하고 무엇을 바꿔야 하는지를 알게 됩니다. 결국 역사를 공부한다는 것은 더 넓게 보고, 더 깊게 이해하며, 더 책임 있게 살아가기 위한 최소한의 소양을 갖추는 일입니다. 그래서 역사는 언제나 '지금 이 순간'의 우리에게 필요합니다.

지금까지 이 책에서 살펴본 고려의 외교사는 바로 그 배움의 연장선에 있습니다. 고난과 선택, 균형과 실리, 때로는 실패와 한계를 마주하면서도 고려가 500년 동안 고민했던 질문은 오늘의 우리에게도 그대로 유효합니다. 한 왕조가 격랑의 국제 질서 속에서 어떻게 버티고, 어떻게 길을 열어왔는지를 따라가다 보면, 결국 "그렇다면 우리는 어떻게 판단해야 하는가?"라는 질문으로 자연스럽게 이어질 것입니다.

이 책을 읽는 여정이 독자 여러분께 단순한 과거 이야기가 아니라, 지금을 살아가는 데 필요한 시야를 넓히고 생각의 틀을 한 겹 더 단단하게 만드는 시간이 되었기를 바랍니다. 고려가 남긴 외교의 지혜가 오늘의 현실을 바라보는 데 작은 힘이나마 보탬이 된다면, 이 책이 가진 의미는 충분하겠습니다.

책을 읽기 전에

심재석,《고려국왕 책봉 연구》, 혜안, 2002.

이정신,《고려시대의 정치변동과 대외정책》, 경인문화사, 2004.

고구려연구재단 편,《한중 외교관계와 조공책봉》, 고구려연구재단, 2005.

박원호, 〈근대 이전 한중관계사에 대한 시각과 논점〉,《한국사 시민강좌》40, 일조각, 2007.

민현구, 〈고려시대 한중교섭사의 몇 가지 문제 - 장기지속적 고려왕조와 정복적 중국 북방국가들과의 대립·교류-〉,《진단학보》114, 진단학회, 2012.

이익주, 〈10~14세기 세계 속의 고려〉,《고려 역사상의 탐색》, 집문당, 2017.

한국외교사편찬위원회 편,《한국의 대외관계와 외교사: 고려 편》, 동북아역사재단, 2018.

1장 고려 전기의 다원 외교

1. 고려의 첫 시험대, 거란의 등장

서성호, 〈고려 태조대 대거란 정책의 추이와 성격〉,《역사와 현실》34, 한국역사연구회, 1999.

안병우, 〈고려와 송의 상호인식과 교섭 -11세기 후반~12세기 전반-〉,《역사와 현실》43, 한국역사연구회, 2002.

허인욱, 〈고려 성종대 거란의 1차 침입과 경계 설정〉,《전북사학》33, 전북사학회, 2008.

육정임, 〈고려·거란 '30년 전쟁'과 동아시아 국제질서〉,《동북아역사논총》34,

동북아역사재단, 2011.

이진한,《고려시대 송상宋商 왕래 연구》, 경인문화사, 2011.

이미지,《태평한 변방: 고려의 대거란 외교와 그 소산》, 경인문화사, 2018.

이미지, 〈11세기 초 동북아시아 외교 지형의 변화와 고려-거란 관계〉,《한국중세사연구》60, 한국중세사학회, 2020.

김인희 편,《움직이는 국가, 거란》, 동북아역사재단, 2020.

2. 황제국을 꿈꾸다

노명호, 〈고려시대의 다원적 천하관과 해동천자海東天子〉,《한국사연구》105, 한국사연구회, 1999.

추명엽, 〈고려전기 '번藩' 인식과 '동·서번'의 형성〉,《역사와 현실》43, 한국역사연구회, 2002.

추명엽, 〈고려시기 '해동海東' 인식과 해동천하〉,《한국사연구》129, 한국사연구회, 2005.

윤영인, 〈10-13세기 동북아시아 다원적 국제질서에서의 책봉과 맹약〉,《동양사학연구》101, 동양사학회, 2007.

김순자, 〈고려전기의 거란(요), 여진(금)에 대한 인식〉,《한국중세사연구》26, 한국중세사학회, 2009.

노명호, 〈해동천자의 천하와 번藩〉,《고려국가와 집단의식》, 서울대학교출판문화원, 2009.

한정수, 〈고려 초의 국제관계와 연호기년에 대한 재검토〉,《역사학보》208, 역사학회, 2010.

노명호, 〈고려전기 천하관과 황제국 체제〉,《고려 역사상의 탐색》, 집문당, 2017.

3. 형제인가 군신인가, 고려와 금의 외교

채웅석, 〈11세기 후반~12세기 전반 동북아시아 국제정세와 고려〉,《전쟁과 동북아의 국제질서》, 일조각, 2006.

조복현, 〈12세기 초기 고려-금 관계의 전개와 상호 인식〉, 《숭실학보》 61, 한국
　　중국학회, 2010.

김순자, 〈고려중기 국제질서의 변화와 고려-여진 전쟁〉, 《한국중세사연구》 32,
　　한국중세사학회, 2012.

김순자, 〈12세기 고려와 여진·금의 영토 분쟁과 대응〉, 《역사와 현실》 83, 한국
　　역사연구회, 2012.

김인희 편, 《전사들의 황금제국, 금나라》, 동북아역사재단, 2021.

4. 고려, 조선의 평행 이론

한명기, 《광해군》, 역사비평사, 2000.

구범진, 《병자호란, 홍타이지의 전쟁》, 까치, 2019.

허태구, 《병자호란과 예禮, 그리고 중화》, 소명출판, 2019.

2장 고려와 몽골제국

1. 고려와 몽골의 전쟁

주채혁, 〈몽골-고려사 연구의 재검토 -몽골-고려 전쟁사의 시각문제-〉, 《애산
　　학보》 8, 애산학회, 1989.

윤용혁, 《고려 대몽對蒙 항쟁사 연구》, 일지사, 1991.

이익주, 〈고려후기 몽고침입과 민중항쟁의 성격〉, 《역사비평》 24, 역사비평사, 1994.

윤용혁, 《고려 삼별초의 대몽항쟁》, 일지사, 2000.

최윤정, 〈몽골의 요동·고려 경략 재검토(1211~1259)〉, 《역사학보》 209, 역사
　　학회, 2011.

강재광, 《몽고침입에 대한 최씨정권의 외교적 대응》. 경인문화사, 2011.

고명수, 〈몽골-고려 형제맹약 재검토〉, 《역사학보》 225, 역사학회, 2015.

이익주, 〈1219년(고종 6) 고려-몽골 '형제맹약' 재론〉, 《동방학지》 175, 연세대
　　학교 국학연구원, 2016.

이익주, 〈고려-몽골 전쟁 초기(1231~1232)의 강화 협상 연구〉, 《한국사연구》 180, 한국사연구회, 2018.

고명수, 〈몽골-고려 형제맹약 두 번째 재검토〉, 《동방학지》 197, 연세대학교 국학연구원, 2021.

김인희 편, 《관용적인 정복자 대원제국》, 동북아역사재단, 2023.

2. 고려와 몽골의 강화

장동익, 《고려후기 외교사연구》, 일조각, 1994.

이익주, 〈고려 대몽항쟁기 강화론講和論의 연구〉, 《역사학보》 151, 역사학회, 1996.

이익주, 〈고려-원 관계의 구조에 대한 연구 -소위 '세조구제世祖舊制'의 분석을 중심으로-〉, 《한국사론》 36, 서울대학교 국사학과, 1996.

이익주, 〈원의 '부마국'으로서의 고려국가의 성격〉, 《한국사 시민강좌》 40, 일조각, 2007.

이익주, 〈고려-몽골 관계사 연구 시각의 검토 -고려-몽골 관계사에 대한 공시적, 통시적 접근-〉, 《한국중세사연구》 27, 한국중세사학회, 2009.

이익주, 〈세계질서와 고려-몽골 관계〉, 《국제질서 속의 한중관계사》, 동북아역사재단, 2010.

이익주, 〈고려-몽골관계에서 보이는 책봉-조공 관계 요소의 탐색〉, 《13~14세기 고려-몽골관계 탐구》, 동북아역사재단, 2011.

이개석, 《고려-대원 관계 연구》, 지식산업사, 2013.

이명미, 《13~14세기 고려·몽골 관계 연구》, 혜안, 2016.

고명수, 《몽골-고려 관계 연구》, 혜안, 2019.

이강한, 《어떤 제국과의 조우》, 경인문화사, 2024.

모리히라 마사히코, 이명미·정동훈 옮김, 《몽골 패권하의 고려》, 서울대학교출판문화원, 2024.

이익주, 〈고려-몽골관계사 연구 3제 재론 -'형제맹약', '불개토풍', '6사'-〉, 《한국중세사연구》 79, 한국중세사학회, 2024.

3. 쿠빌라이의 외손자, 이질부카 충선왕의 활동

고병익, 〈고려 충선왕의 원 무종 옹립〉,《역사학보》 17·18, 역사학회, 1962.

주채혁, 〈몽골-고려사 연구의 재검토 -몽골-고려사의 성격 문제-〉,《국사관논총》 8, 국사편찬위원회, 1989.

이익주, 〈충선왕 즉위년(1298) '개혁정치'의 성격 -관제 개편을 중심으로-〉,《역사와 현실》 7, 한국역사연구회, 1992.

이강한, 〈고려 충선왕의 정치개혁과 원의 영향〉,《한국문화》 43, 서울대학교 규장각한국학연구원, 2008.

이강한, 〈고려 충선왕의 국정 및 '구제' 복원〉,《진단학보》 105, 진단학회, 2008.

이명미, 〈몽골 복속기 고려국왕 위상의 한 측면 -충렬~충선왕대 중조를 중심으로-〉,《동국사학》 54, 동국사학회, 2013.

이명미, 〈충숙왕대 국왕위 관련 논의와 국왕 위상〉,《한국중세사연구》 36, 한국중세사학회, 2013.

4. 기황후, 친원 세력의 등장

이익주, 〈14세기 전반 고려·원관계와 정치세력 동향 -충숙왕대의 심왕옹립운동을 중심으로-〉,《한국중세사연구》 9, 한국중세사학회, 2000.

.이강한, 〈공민왕 5년(1356) '반원개혁'의 재검토〉,《대동문화연구》 65, 성균관대학교 대동문화연구원, 2009.

이명미, 〈공민왕대 초반 군주권 재구축 시도와 기씨일가 -1356년(공민왕 5) 개혁을 중심으로-〉,《한국문화》 53, 서울대학교 규장각한국학연구원, 2011.

이익주, 〈1356년 공민왕 반원정치 재론〉,《역사학보》 225, 역사학회, 2015.

최윤정, 〈1356년 공민왕의 '반원개혁' 재론〉,《대구사학》 130, 대구사학회, 2018.

권용철,《고려사 속의 원 제국》, 경인문화사, 2024.

5. 공민왕의 반원 운동과 그 후

민현구, 〈고려 공민왕의 반원적 개혁정치에 대한 일고찰 -배경과 발단-〉,《진단학보》 68, 진단학회, 1989.

민현구, 〈고려 공민왕대 반원적 개혁정치의 전개과정〉,《허선도선생 정년 기념 한국사학논총》, 일조각, 1992.

민현구, 〈고려 공민왕대의 '주기철공신'에 대한 검토 -반원적 개혁정치의 주도 세력-〉,《이기백선생 고희 기념 한국사학논총》, 일조각, 1994.

박원호, 〈고려말 조선초 대명외교의 우여곡절〉,《한국사 시민강좌》 36, 일조각, 2005.

이익주, 〈14세기 후반 원-명 교체와 한반도〉,《전쟁과 동북아의 국제질서》, 일조각, 2006.

김경록, 〈공민왕대 국제정세와 대외관계의 전개양상〉,《역사와 현실》 64, 한국역사연구회, 2007.

김순자,《한국 중세 한중관계사》, 혜안, 2007.

이명미, 〈기황후세력의 공민왕 폐위시도와 고려국왕권 -기삼보노 원자책봉의 의미-〉,《역사학보》 206, 2010.

최종석, 〈1356(공민왕 5)~1369(공민왕 18) 고려-몽골(원) 관계의 성격 -'원 간섭기'와의 연속성을 중심으로-〉,《역사교육》 116, 역사교육연구회, 2010.

이익주, 〈14세기 후반 동아시아 국제질서의 변화와 고려-원·명-일본 관계〉,《진단학보》 114, 진단학회, 2012.

정동훈, 〈명초 국제질서의 재편과 고려의 위상 -홍무 연간 명의 사신 인선을 중심으로-〉,《역사와 현실》 89, 한국역사연구회, 2013.

이익주, 〈14세기 후반 고려-원 관계의 연구〉,《동북아역사논총》 53, 동북아역사재단, 2016.

함께 읽으면 좋은 책들

스기야마 마사아키, 임대희·김장구·양영우 옮김,《몽골 세계제국》, 신서원, 1999.

삼산 정명, 이진복 옮김,《유목민이 본 세계사》, 학민사, 1999.

유인선,《새로 쓴 베트남의 역사》, 이산, 2002.

모리스 로사비, 강창훈 옮김,《쿠빌라이 칸, 그의 삶과 시대》, 천지인, 2008.

이승한,《쿠빌라이 칸의 일본 원정과 충렬왕》, 푸른역사, 2009.

김호동,《몽골제국과 세계사의 탄생》, 돌베개, 2010.

이승한,《혼혈왕 충선왕 그 경계인의 삶과 시대》, 푸른역사, 2012.

이익주,《이색의 삶과 생각》, 일조각, 2013.

김호동,《몽골제국과 고려》, 서울대학교출판문화원, 2015.

이승한,《몽골제국의 쇠퇴와 공민왕 시대》, 푸른역사, 2018.

박종기,《새로 쓴 오백년 고려사》, 휴머니스트, 2020.

백영서 편,《내일을 읽는 한·중 관계사》, RHK, 2020.

김호동,《아틀라스 중앙유라시아사》, 사계절, 2021.